AF453665

PRIX
DES
MONOYES
DE FRANCE
ET DES MATIERES
D'OR ET D'ARGENT

Depuis la Déclaration du Roy du 31 Mars 1640.

PAR Mr ✳✳✳

Imprimé à Roüen, & se vend

A PARIS,

Chez **PIERRE-FRANÇOIS GIFFART** ruë S. Jacques,
à Sainte Therese.

M. DCC. XXXVI.

VICTOREM VICIT PACIS AMOR
1748.
Ja. Jo. Pasquier delin. et Sculp.
Imprimée p.
Gl. Sergent

AVIS

SUR LE DESSEIN

DE

CE RECUEIL.

ES nombreuses variations survenuës aux Monoyes depuis un Siecle, ayant mis le Public dans la néceſſité journaliere d'avoir recours à cet Ouvrage ; c'eſt à ſa ſollicitation qu'on le met ſous la Preſſe, après l'avoir vérifié avec toute l'exactitude poſſible, pour éviter de tomber dans les erreurs dans leſquelles ſont tombés les Editeurs de Nantes, Rennes & d'Amiens, dont les Editions quoique remplies de fautes, ont eu un prompt debit ; ce qui fait connoître le beſoin d'un nouveau Recüeil auſſi correct que celui-ci.

ã 2

On fe flatte de l'avoir difpofé d'une ma
abregée, fans aucune obmiffion, & comm
trouver dans l'inftant ce dont on aura befoin, ..
qu'il aura tout le fuccez qu'on en doit attendre, fi le
Public confidere qu'on n'a en vûë que fon utilité &
fon avantage.

L'ordre dans lequel cet Ouvrage eft rangé porte
fon explication. C'eft une Table de huit Colonnes
relatives les unes aux autres, dont la Premiere contient les Empreintes de chaque Efpece d'Or & d'Argent
de France, lors de leur Fabrication ou Réforme.
La Seconde contient la Datte des Edits, Déclarations
de Sa Majefté, & Arrêts de fon Confeil, qui ordon-
nent, foit une Fabrication ou Réforme, foit une
Augmentation, ou une Diminution. La Troifiéme
contient la Datte des Mutations ou Changemens de
Prix de chaque Efpece, ou Matiere; c'eft-à-dire, le
jour qu'elle a augmenté ou diminué, conformément
à l'Arrêt dont la Datte eft citée dans la Colonne
précédente. La Quatriéme contient le Nom de chaque
Efpece ou Matiere. La Cinquiéme contient leur Titre
ou Loy, ou pour s'expliquer plus familierement,
la bonté de l'Efpece ou de la Matiere. La Sixiéme,
leur Taille, ou le nombre d'Efpeces que chaque
Marc doit contenir. La Septiéme, leur Valeur à la
Piece. Et la Huitiéme, leur Valeur au Marc. Ainfi
d'un coup d'œil on peut voir l'Empreinte de l'Efpece
fabriquée ou Réformée, la Datte de l'Edit ou Déclaration qui l'a ordonné, la Datte du Changement,
le Nom de l'Efpece qui a changé, fon Titre, fa

A V I S.

ſa Valeur. Ce qui rend cet Ouvrage bien
,, que ſi on avoit copié les Edits, Déclarations, & Arrêts, qui auroient fait la matiere d'un
gros Volume, & d'une plus grande dépenſe.

Comme les Eſpeces & Matieres tant de France
qu'Etrangeres, ſont reçûës aujourd'hui aux Monoyes
ſur le pied du Tarif de 1726. on l'a fait imprimer
à la fin de ce Recüeil, auquel on a augmenté le Titre
de chaque Eſpece.

On trouvera enſuite les Diviſions du Poids de Marc,
& les qualités de l'Or & de l'Argent, pour en donner
connoiſſance aux Perſonnes qui ne ſont point verſées
dans ces matieres.

APPROBATION.

J'AI examiné par Ordre de Monseigneur le Garde des Sceaux, un Manuscrit intitulé : *Prix des Monnoyes de France depuis la Déclaration du 31 Mars 1640. & je n'ai rien trouvé qui puisse empêcher l'impression. A Paris ce 10 Mars 1736. Signé,* RASSICOD.

PRIVILEGE DU ROY.

LOUIS PAR LA GRACE DE DIEU ROY DE FRANCE ET DE NAVARRE, à nos amez & feaux Conseillers, les Gens tenans nos Cours de Parlement, Maîtres des Requêtes ordinaires de nôtre Hôtel, Grand Conseil, Prevôt de Paris, Baillifs, Sénéchaux, leurs Lieutenans Civils, & autres nos Justiciers qu'il apartiendra : SALUT. Nôtre bien amé PH. P. CABUT Imprimeur & Libraire à Roüen, Nous ayant fait suplier de lui accorder nos Lettres de Permission pour l'impression d'un Manuscrit, qui a pour titre : *Prix des Monnoyes de France depuis la Déclaration du trente-un Mars mil six cens quarante ;* offrant pour cet effet de le faire imprimer en bon papier & beaux caractéres, suivant la feüille imprimée & attachée pour modéle sous le Contre-scel des Presentes. Nous lui avons permis & permettons par cesdites Presentes d'imprimer ou faire imprimer ledit Livre ci-dessus spécifié, conjointement ou séparément, & autant de fois que bon lui semblera, & de le vendre, faire vendre & debiter par tout nôtre Royaume, pendant le tems de trois années consécutives, à compter du jour de la datte desd. Presentes. Faisons défenses à tous Imprimeurs, Libraires & autres personnes de quelque qualité & condition qu'elles soient d'en introduire d'impression étrangere dans aucun lieu de nôtre obéïssance : à la charge que ces Presentes seront enregistrées tout au long sur le Registre de la Communauté des Libraires & Imprimeurs de Paris dans trois mois de la datte d'icelles ; que l'impression de ce Livre sera faite dans nôtre Royaume & non ailleurs ; & que l'Impétrant se conformera en tout aux Réglemens de la Librairie, & notamment à celui du 10 Avril 1725. & qu'avant que de l'exposer en vente, le Manuscrit ou Imprimé qui aura servi de copie à l'impression dudit Livre, sera remis dans le même état où l'Aprobation y aura été donnée, ès mains de nôtre très-cher & féal Chevalier Garde des Sceaux de France le sieur Chauvelin, & qu'il en sera ensuite remis deux Exemplaires dans nôtre Bibliothéque publique, un dans celle de nôtre Château du Louvre, & un dans celle de nôtredit très-cher & féal Chevalier Garde des Sceaux de France le sieur Chauvelin ; le tout à peine de nullité des Presentes. Du contenu desquelles vous mandons & enjoignons de faire joüir l'Exposant ou ses ayant cause, pleinement & paisiblement, sans souffrir qu'il leur soit fait aucun trouble ou empêchement. Voulons qu'à la Copie desdites Presentes, qui sera imprimée tout au long au commencement ou à la fin dudit Livre, foi soit ajoûtée comme à l'Original. Commandons au premier nôtre Huissier ou Sergent de faire pour l'exécution d'icelles tous actes requis & nécessaires sans demander autre permission, & nonobstant Clameur de Haro, Chartre Normande & Lettres à ce contraires : CAR tel est nôtre plaisir. DONNE' à Versailles le trente-un jour de Mars l'an de grace mil sept cens trente-six, & de nôtre régne le vingt-uniéme. Par le Roy en son Conseil, *Signé,* SAINSON.

Registré sur le Registre IX. de la Chambre Royale & Syndicale des Libraires & Imprimeurs de Paris, Numero 163. fol. 244. conformément aux anciens Réglemens, confirmés par celui du 28 Février 1723. A Paris le 6 Avril 1736. Signé, G. MARTIN, *Syndic.*

Registré sur le Livre de la Communauté des Libraires & Imprimeurs de Roüen, page 146. N°. 185. conformément aux Réglemens. A Roüen le 13. Avril 1736. Signé F. OURSEL, *Sydic-Garde.*

PRIX

DES

MONNOYES

DE

FRANCE,

Depuis la Déclaration du 31 Mars
1640.

FABRICATIONS *& Réformes.*	*Datte des Edits, Declarations & Arrêts.*	*des N.*
Fabrication de Louïs d'Or de 36 ¼ au Marc, Et celle d'Ecus d'Or, & quarts d'Ecus continuée. Louïs d'Or, pesant 5 deniers 6 grains.   Ecu d'Or, pesant 2 deniers 15 gr.   Quart d'Ecu, pesant 7 den. 12 gr.  	Par Déclaration du 31 Mars 1640.	. . . .

Louïs XIII.

Especes Matieres.	Leur Titre	Leur Taille.	Leur valeur à la Piece.	Leur valeur au Marc.
Louïs d'Or	à 22 Karats	$36\frac{1}{4}$ au marc	10 l. 0 f. 0 d.	
Demis Louïs d'Or . .	. . . .	$72\frac{1}{2}$ au marc	5 l. 0 f. 0 d.	
Doubles Louïs d'Or .	. . . .	$18\frac{1}{8}$ au marc	20 livres.	
Ecus d'Or	à 23 Karats	$72\frac{1}{2}$ au marc	5 liv. 4 f.	
Demis Ecus d'Or . .	. . . .	145 au marc.	2 l. 12 f.	
Or fin, ou	à 24 Karats .	. . . .	. . . .	384 livres.
Quarts d'Ecus.	à 11 deniers	$23\frac{1}{5}$ au marc	1 l. 1 f.	
Demis quarts d'Ecus. .	. . . .	$50\frac{1}{10}$ au marc	10 f. 6 d.	

FABRICATIONS *& Réformes.*	*Dattes des Edits,* *Déclarations,* *& Arrêts.*	*des M.*
Loüis XIII.	Fabrication de Loüis blancs, ou Ecus de 9 au Marc. De Pieces de cinq fols. Et de Sols douzains. Ecu pesant 21 deniers 8 grains.	Par Edit du mois de Septembre 1641... . . . .

Piece de cinq fols.

Sol douzain

Especes d'Argent.	Leur Titre.	Leur Taille	Leur Valeur à la Piece.	Leur Valeur au Marc.
Loüis blancs ou Ecus .	à 11 deniers.	8.¹¹⁄₁₂. 9 au Marc. .	3 liv. 0 f. 0 d.	
Demis Ecus	. . . .	18 au Marc. .	1 liv. 10 f. 0 d.	
Quarts d'Ecus	. . . .	36 au Marc. .	0 liv. 15 f. 0 d.	
Pieces de cinq fols . .	. . . .	107 au Marc.	0 liv. 5 f. 0 d.	
Sols douzains	à 2 d. 21 grains	131 au Marc.	0 liv. 1 f. 0 d.	
Argent fin ou	à 12 deniers . .	. . . .	. . . .	27 liv. 15 f.

FABRICATIONS & Réformes.	Dattes des Edits, Déclarations, & Arrêts.	Da. des Mutat...
Loüis XIV. Ecu d'Or pesant 2 deniers 15 grains.  Quart d'Ecu pesant 7 deniers 12 grains. 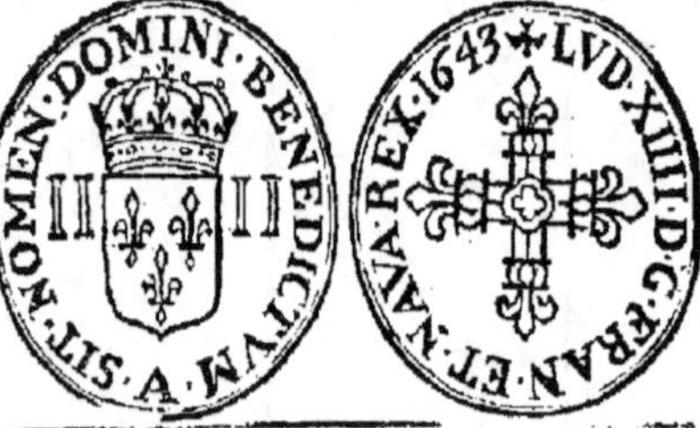 Loüis d'Or pesant 5 deniers 6 grains.  Ecu blanc pesant 21 deniers 8 grains. 		1643. 14 May, Loüis XIV. succeda à Loüis XIII. son Pere, on fabriqua les mêmes Especes au commencement de son Regne, qui eurent cours sur le même pied. . . . . .

Especes, matieres.	Leur Titre.	Leur Taille.	Leur Valleur à la Piece.	Leur Valleur au Marc.
Ecus d'Or.	à 23 Karats. .	72 ½. au Marc.	5 liv. 4 f. o d.	
Quarts d'Ecus. . . .	à 11 deniers. .	25 ⅗	1 l. 1 f. o	
Loüis d'Or.	à 22 Karats. . .	36 ¼	10 l. o o	
Demis Loüis d'Or. . .	. . . .	72 ½	5 l. o o	
Doubles Loüis d'Or. .	. . . .	18 ⅛	20 l. o o	
Or fin ou	à 24 Karats. .	. . . .	. . . .	384 liv. o
Loüis blancs ou Ecus..	à 11 deniers. .	9 au Marc.	3 l. o o	
Demis Ecus.	. . . .	18.	1 l. 10 f. o	
Quarts d'Ecus . . .	. . . .	36.	o l. 15 f. o	
Pieces de 5 sols. . .	. . . .	107.	o l. 5 f. o	
Argent fin ou	à 12 deniers..	. . . .	. . . .	27 liv. 13 f.

FABRICATIONS & Réformes.	Dattes des Edits, Déclarations, & Arrêts.	Da des Muta.
	Par Déclaration du 20 Mars 1652.......	1652. 4 Avril. ...
	Par Déclaration du 7 Mars 1653.......	1653. 8 Mars......
		1. Juillet....
		1. Octobre...
		1654. 1. Janvier....
		1. Avril........

Noms

...es Especes, & Matieres.	Leur Titre.	Leur Taille.	Leur Valeur à la Piece.	Leur Valeur au Marc.
Loüis d'Or & Piftoles d'Efpagne. . . .	. . . .	. . . . . .	11 liv. o f. o d.	
Ecus d'Or. . . .	. . . . . .	. . . . .	5 l. 14 f. o d.	
Loüis blancs ou Ecus.	. . . . . .	. . . . . .	3 l. 6 f. o d.	
Sols douzains. . .	. . . . . .	. . . . .	o l. 1 f. 3 d.	
Loüis d'Or. . .	. . . . . .	. . . . .	12 l. o f. o d.	
Piftoles d'Efpagne. .	. . . . . .	. . . . . .	11 l. 16 f. o d.	
Ecus d'Or. . . .	. . . . . .	. . . . .	6 l. 4 f. o d.	
Loüis blancs ou Ecus.	. . . . . .	. . . . .	3 l. 10 f. o d.	
Loüis d'Or. . .	. . . . . .	. . . . .	11 l. 10 f. o d.	
Piftoles d'Efpague. .	. . . . . .	. . . . .	11 l 6 f. o d.	
Ecus d'Or. . . .	. . . . . .	. . . . .	5 l. 19 f. o d	
Loüis blancs ou Ecus	. . . . . .	. . . . . .	3 l. 9 f. o d.	
Loüis d'Or. . .	. . . . . .	. . . . .	11 l. o f. o d.	
Piftoles d'Efpagne. .	. . . . . .	. . . . .	10 l. 16 f. o d.	
Ecus d'Or. . . .	. . . . . .	. . . . .	5 l. 14 f. o d.	
Loüis blancs ou Ecus.	. . . . . .	. . . . .	3 l. 6 f. o d.	
Loüis d'Or. . .	. . . . . .	. . . . .	10 l. 10 f. o d.	
Piftoles d'Efpagne. .	. . . . . .	. . . . .	10 l. 6 f. o d.	
Ecus d'Or. . . .	. . . . . .	. . . . .	5 l. 9 f. o d	
Loüis blancs ou Ecus.	. . . . . .	. . . . .	3 l. 3 f. o d.	
Loüis d'Or & Piftoles d'Efpagne. . .	. . . . . .	. . . . .	10 l. o f. o d	
Ecus d'Or. . . .	. . . . . .	. . . . .	5 l. 4 f o d	
Loüis blancs ou Ecus.	. . . . . .	. . . . . .	3 l. o f. o d	

FABRICATIONS *& Réformes.*	Dattes des Edits, Déclarations, & Arrêts.	I des Mu...
Fabrication de Liards. 	Par Déclaration du 1. Juillet 1654. . . .	. . . .
Fabrication de Lis d'Or & Lis d'Argent, celle des Ecus d'Or, Loüis d'Or, & Loüis blancs, interdite. Lis d'Or pesant 3. deniers 3. grains ½.  Lis d'Argent pesant 6 deniers 5 grains. 	Par Edit du mois de Décembre 1655. . .	. . . .
Fabrication des Loüis d'Or, & Loüis blancs, rétablie au mois d'Août 1656. & celle des Lis d'Or, Lis d'Argent, & Ecus d'Or, interdite.	Par Déclaration du 8. Avril 1656. . . .	1656. 8. Avril. .

Especes matieres.	Leur Titre.	Leur Taille.	Leur Valleur à la Piece.	Leur Valleur au Marc.
Liards.	Cuivre pur. . .	64 au Marc.	o liv. o f. 3. d.	
Lis d'Or.	à 23 Karats ¾.	60 ½. au Marc.	7 l.	
Lis d'Argent. . . .	à 11 den. 12 gr.	30 ½. au Marc.		
Loüis d'Or & Pistolles d'Espagne.			11 l. 0 0	
Ecus d'Or.			5 l. 14 f. 0	
Loüis blancs ou Ecus.			3 l. 0 0	

B ij

FABRICATIONS & *Réformes.*	*Dattes des Edits, Déclarations, & Arrêts.*	*D des M...*
	Par Lettres Patentes du 4 Juillet 1658...	1658. 4 Juillet. . . .
	Par Arrêt du Conseil du 7 Juillet 1662...	1662. 7 Juillet. . . .
	Par Lettres Patentes du 7 Décembre 1665.	1666. 1. Janvier. . . .
	Par Arrêt du Conseil du 16 Septembre 1666.	Du jour de la publicat.
Fabrication de Pieces de quatre sols, & de deux sols. Piéce de 4 sols. Piece de 2 s.	Par Déclaration du 8 Avril 1674.	. . . .
	Par Déclaration du 28 Mars 1679.	1679. 1. Avril. . . .

Especes, Matieres.	Leur Titre.	Leur Taille.	Leur Valleur à la Piece.	Leur Valleur au Marc.
Liards.			o liv. o f. 2 d.	
Or fin ou	à 24 Karats. .			423 l. 10 f. 11 d.
Loüis d'Or & Piftolles d'Efpagne.			10 l. 15 f. o	
Ecus d'Or.			5 l. 11 f. 6 d.	
Loüis blancs ou Ecus.			3 l. 18 f. o	
Loüis d'Or & Piftolles d'Efpagne.			11 l. o o	
Ecus d'or.			5 l. 14 f. o	
Loüis blancs ou Ecus.			3 l. o o	
Pieces de quatre fols. .	à 10 deniers. .	150. au Marc.	o l. 4 f. o	
Pieces de deux fols. . .		300. au Marc.	o l. 2 f. o	
Pieces de 4 fols. . . .			o l. 3 f. 9 d.	
Sols douzains.			o l. 1 f. 3 d.	
Loüis d'Or & Piftolles d'Efpagne legeres. .				398 l. 15 f. o
Ecus d'Or legers. . . .				411 l. 5 f. 8 d.
Or fin ou	à 24 Karats. .			437 l. 9 f. 8 d.
Argent fin ou	à 12 deniers. .			29 l. 6 f. 11 d.

FABRICATIONS & Réformes.	Dattes des Edits, Déclarations, & Arrêts.	Dattes des Mutations.
	Par Déclaration du 29 Avril 1679......	1679. premier May..
Fabrication de Pieces de 4 liv. qui n'eurent cours que dans le Païs conquis en Flandres. Pesant un onze, 5 d. 6 grains.	Par Edit du mois de Septembre 1685...	. . . .
	Par Déclaration du 27 Juillet 1686......	1686. 15 Août.....
	Par Lettres Patentes du 20 Octobre 1687.	1687. 20 Octobre...
	Par Déclaration du 10 Décembre 1689...	Du jour de la Publicat.
	Par Déclaration du 14 Décembre 1689...	1690. prem. Janvier.

es Especes Matieres.	Leur Titre.	Leur Taille.	Leur Valeur à la Piece.	Leur Valeur au Marc.
Pieces de quatre fols.			o l. 3 f. 6 d.	
Sols douzains.			o l. 1 f. o d.	
Pieces de quatre liv.	à 10 d. 7 grains.	6 ½ au Marc.	4 l. o f. o d.	
Demies.		13 au Marc.	2 l. o f. o d.	
Quarts.		26 au Marc.	1 l. o f. o d.	
Huitiémes.		52 au Marc.	o l. 10 f. o d.	
Seiziémes.		104 au Marc.	o l. 5 f. o d.	
Loüis d'Or & Piftoles d'Espagne.			11 l. 10 f. o d.	416 l. 17 f. 6 d.
Ecus d'Or.			5 l. 19 f. o d.	430 l. 2 f. o d.
Or fin ou	à 24 Karats.			457 l. 7 f. 5 d.
Loüis d'Or & Piftoles d'Espagne.			11 l. 5 f. o d.	
Ecus d'Or.			5 l. 16 f. 6 d.	
Or fin ou	à 24 Karats.			447 l. 7 f. 2 d
Loüis d'Or & Piftoles d'Espagne.			11 l. 12 f. o d.	
Ecus d'Or.			6 l. o f. o d.	
Loüis blancs ou Ecus.			3 l. 2 f. o d.	
Pieces de cinq fols.			o l. 5 f. 6 d.	
Vaiffelle plate, Poinçon de Paris évaluée	à 11 d. 8 grains			29 l. 10 f. o d.
Vaiffelle montée idem	à 11 d. 4 grains			29 l. o l. o d.

FABRICATIONS & Réformes.	Dattes des Edits, Déclarations, & Arrêts.	Dattes des Mutations.
Fabrication & premiere Réforme des Loüis d'Or de 36 ¼. au Marc. Et des Ecus de 9 au Marc.  	Par Edit du mois de Décembre 1689...	. . . .
Loüis d'Or. Ecu.		
	Par Déclaration du 3 Janvier 1690. . . .	Du jour de la Publicat. 1690. 3. Janvier.

s des Efpeces, & Matieres.	Leur Titre.	Leur Taille.	Leur Valeur à la Piece.	Leur Valeur au Marc.
Loüis d'Or.	à 22 Karats. .	36 ¼. au Marc.	12 l. 10 f. o d.	
Ecus.	à 11 deniers.	9 au Marc.	3 l. 6 f. o d.	
Piftoles d'Efpagne leg.				420 l. 10 f. o d.
Ecus d'Or legers.				433 l. 17 f. 7 d.
Reaux d'Efpagne. . .	à 11 deniers. .	9 au Marc.	3 l. 2 f. o d.	27 l. 3 f. 9 d.
Or fin, ou . . .	à 24 Karats. .			457 l. 16 f. o d.
Argent fir, ou . . .	à 12 deniers. .			30 l. o f. o d.

FABRICATIONS & Réformes.	Dates des Edits, Déclarations, & Arrêts.	Da. des Mutai.
	Par Arrêt du Conseil du 14. Novemb. 1690.	1690. 15 Novembre.
Fabrication de Douziémes d'Ecus de . . . blanc. 	Par Edit du mois de Décembre 1690. . .	. . . .
Premiere Réforme des Pieces de quatre sols. 	Par Déclaration du 28 Août 1691.	Du jour de la Publicat.
	Par Arrêt du Conseil du 20 May 1692. . .	1692. 20 May. . . .
	Par ledit Arrêt. . . .	premier Juillet.

des Espèces & Matières.	Leur Titre.	Leur Taille.	Leur Valeur à la Piece.	Leur Valeur au Marc.
Pistoles d'Espagne...			11 l. 5 s. o d.	421 l. o s. o d.
Ecus d'Or....			5 l. 16 s. 6 d.	424 l. o s. o d.
Douziémes d'Ecus...	à 11 deniers.	107 au Marc.	o l. 5 s. 6 d.	
Pieces de quatre sols.	à 10 deniers..	150 au Marc.	o l. 4 s. o d.	
Ditto Anciennes, & non Réformées ..			o l. 3 s. 7 d.	
Loüis d'Or anciens & non Réformées...			11 l. 8 s. o d.	
Ecus idem.			3 l. 1 s. o d.	
Loüis d'Or nouveaux Réformés. ...			12 l. 5 s. o d.	
Ecus idem.			3 l. 5 s. o d.	
Pistoles d'Espagne...			11 l. 5 s. o d	415 l. o s. o d.
Ecus d'Or....			5 l. 16 s. 6 d	413 l. o s. o d.
Or fin, ou ...	à 24 Karats...			440 l. o s. o d.
Argent fin ou ...	à 12 deniers.			30 l. o s. o d.
Vaisselle plate de Paris.				29 l. o s. o d.
Vaisselle montée idem.				28 l. 10 s. o d.

FABRICATIONS *& Réformes.*	Dattes des Edits, Déclarations, *& Arrêts.*	Datte des Mutatio..
Fabrication & Réforme des Sols douzain: 	Par Edit du mois d'Octobre 1692. . . .	Du jour de la Publicat.
	Par Arrêt du Conseil du 13 Décembre 1692.	1693. premier Janvier.
	Par Arrêt du Conseil du 27 Décembre 1692.	Ditto.
	Par Arrêt du Conseil du 24 Février 1693.	premier Mars.
Fabrication de Liards. 	par Déclaration du 9 Juin 1693. . . .	. . . .

les Especes, Matieres.	Leur Titre.	Leur Taille.	Leur Valeur à la Piece.	Leur Valeur au Marc.
Sols douzains. . . .	à 2 d. 12 grains	132 au Marc.	o l. 1 f. 3 d.	
Ditto Anciens & non Réformés. . . .			o l. 1 f. obole	
Louis d'Or nouveaux & Réformés. . .			12 l. o f. o d.	
Ecus idem.			3 l. 4 f. o d.	
Louis d'Or anciens & non Réformés. .			11 l. 5 f. o d.	
Ecus idem.			3 l. o f. o d.	
Pistoles d'Espagne. . .				410 l. o f. o d.
Vaisselle plate de Paris.				28 l. 10 f. o d.
Vaisselle montée idem.				28 l. o f. o d.
Louis d'Or anciens & non Réformés. .			11 l. 10 f. o d.	
Ecus idem.			3 l. 2 f. o d.	
Pistoles d'Espagne. . .			12 l. o f. o d.	435 l. o f. o d.
Réaux idem. . .			3 l. 4 f. o d.	28 l. 10 f. o d.
Liards.	Cuivre pur. . .	64 au Marc.	o l. o f. 3 d	
Liards anciens. . .			o l. o f. 3 d	

FABRICATIONS & Réformes.	Dattes des Edits, Déclarations, & Arrèts.	Dattes des Mutations.
	Par Arrêt du Conseil du 16 Juin 1693. . .	1693. premier Juillet.
	Par Arrêt du Conseil du 25 Juillet 1693.	premier Août.
	Par Edit du mois de Septembre 1693. . .	premier Octobre.
	Par Arrêt du Conseil du 10 Octobre 1693.	10 ditto.

des Especes, Matieres.	Leur Titre.	Leur Taille.	Leur Valeur à la Piece.	Leur Valeur au Marc.
Loüis d'Or nouveaux & Réformés.			11 l. 15 f. 0 d.	
Ecus idem.			3 l. 3 f. 0 d.	
Pieces de cinq fols.			0 l. 5 f. 3 d.	
Piftoles d'Efpagne.			11 l. 15 f. 0 d.	425 l. 18 f. 9 d.
Réaux idem.			3 l. 3 f. 0 d.	28 l. 0 f. 0 d.
Vaiffelle plate de Paris.				28 l. 5 f. 0 d.
Vaiffelle montée idem.				27 l. 15 f. 0 d.
Loüis d'Or nouveaux & Réformés			11 l. 10 f. 0 d.	
Ecus idem.			3 l. 2 f. 0 d.	
Loüis d'Or anciens & non Réformés.			11 l. 5 f. 0 d.	
Ecus idem.			3 l. 1 f. 0 d.	
Piftoles d'Efpagne.			11 l. 10 f. 0 d.	416 l. 17 f. 6 d.
Réaux idem.			3 l. 2 f. 0 d.	27 l. 10 f. 0 d.
Piftoles d'Efpagne.			11 l. 5 f. 0 d.	410 l. 0 f. 0 d.
Réaux idem.			3 l. 1 f. 0 d.	27 l. 4 f. 0 d.
Loüis d'Or anciens & nouveaux.			11 l. 14 f. 0 d.	
Ecus idem.			3 l. 3 f. 0 d.	

FABRICATIONS & Réformes.	Dattes des Edits, Déclarations, & Arrêts,	Dattes des Mutations.
Fabrication & feconde Réforme des Louis d'Or de 36 ¼. au Marc. Et des Ecus de 9 au Marc.	Par led. Edit du mois de Septemb. & Déclarat. du 11 Octobre 1693.	. . . .
Louis d'Or.	Par Arrêt du Confeil du 1 Décembre 1693.	Du lendemain de la Publication. . . .
Ecu.	Par Arrêt du Confeil du 12 Décembre 1693.	Du lendemain de la Publication. . . .
	Par Arrêt du Confeil du 22 Septembre 1699.	Du jour de la Publicat.
	Par Arrêt du Confeil du 17 Octobre 1699.	Du jour de la Publicat.
	Par Arrêt du Confeil du 22 Décembre 1699.	1700. premier Janvier.
	Par ledit Arrêt. . . .	premier Février.

Noms

...s des Especes, & Matieres.	Leur Titre.	Leur Taille.	Leur Valeur à la Piece.	Leur Valeur au Marc.
Loüis d'Or	à 22 Karats. .	36 $\frac{1}{4}$ au Marc.	14 l. 0 f. 0 d	
Ecus	à 11 deniers	9 au Marc.	3 l. 12 f. 0 d	
Loüis d'Or anciens & non Réformés. . .			12 l. 5 f. 0 d.	
Ecus idem.			3 l. 5 f. 0 d.	
Piftoles d'Efpagne. . .			12 l. 5 f. 0 d.	444 l. 0 f. 0 d.
Réaux d'Efpagne. . .			3 l. 4 f. 0 d.	28 l. 15 f. 0 d.
Or fin.				465 l. 0 f. 0 d.
Argent fin.				31 l. 0 f. 0 d.
Vaiffelle plate de Paris				30 l. 0 f. 0 d.
Vaiffelle montée idem.				29 l. 10 f. 0 d.
Loüis d'Or anciens & non Réformés. . .			13 l. 5 f. 0 d.	
Ecus idem.			3 l. 9 f. 0 d.	
Piftoles d'Efpagne. . .			13 l. 5 f. 0 d.	480 l. 0 f. 0 d.
Réaux idem.			3 l. 8 f. 0 d.	30 l. 10 f. 0 d.
Or fin.				502 l. 10 f. 0 d.
Argent fin.				33 l. 10 f. 0 d.
Piftoles d'Efpagne. . .				484 l. 10 f. 0 d.
Réaux idem.				30 l. 12 f. 0 d
Loüis d'Or nouveaux & Réformés. . .			13 l. 15 f. 0 d	
Ecus idem.			3 l. 11 f. 0 d	
Louis d'Or nouveaux & Réformés. . .			13 l. 10 f. 0 d.	
Ecus idem.			3 l. 10 f. 0 d.	

F A B R I C A T I O N S *& Réformes.*	Dattes des Edits, Déclarations, & Arrêts,	Dattes des Mutatio.
	Par Arrêt du Conseil du 23 Mars 1700.	1700. 1. Avril. . . . .
	Par Arrêt du Conseil du 13 Avril 1700. .	Du jour de la Publicat.
	Par Arrêt du Conseil du 25 May 1700. .	1700. 1. Juin. . . . .
	Par Arrêts du Conseil des 30 Novembre, & 21 Décembre 1700.	1701. 1. Janvier. . . .

Noms des Especes, & Matieres.	Leur Titre.	Leur Taille.	Leur Valleur à la Piece.	Leur Valleur au Marc.
Loüis d'Or anciens & nouveaux.	. . . .	. . . .	13 l. 5 f. o	
Ecus idem.	. . . .	. . . .	3 l. 9 f. o	
Pieces de 4 f. réformées & non réformées. . .	. . . .	. . . .	o l. 4 f. o	
Sols douzains idem. .	. . . .	. . . .	o l. 1 f. 3 d	
Piftolles d'Efpagne. . .	. . . .	. . . .	13 l. 5 f. o	
Reaux.	. . . .	. . . .	3 l. 8 f. o	
Or fin.	. . . .	. . . .	. . . .	518 l. 10 f. o d.
Argen fin.	. . . .	. . . .	. . . .	32 l. 15 f. o
Loüis d'Or legers de plus de quatre grains.	. . . .	. . . .	. . . .	473 l. o o
Loüis d'Or & Piftolles d'Efpagne.	. . . .	. . . .	13 l. o o	466 l. o o
Ecus.	. . . .	. . . .	3 l. 8 f. o }	29 l. 11 f. 3 d.
Reaux.	. . . .	. . . .	3 l. 7 f. o }	
Or fin.	. . . .	. . . .	. . . .	508 l. 15 f. o
Argent fin.	. . . .	. . . .	. . . .	32 l. 5 f. o
Loüis d'Or & Piftolles d'Efpagne.	. . . .	. . . .	12 l. 15 f. o	457 l. o o
Ecus.	. . . .	. . . .	3 l. 7 f. o }	29 l. 2 f. 1 d.
Reaux.	. . . .	. . . .	3 l. 6 f. o }	
Pieces de cinq fols. . .	. . . .	. . . .	o l. 5 f. 7 d.	
Pieces de quatre fols. .	. . . .	. . . .	o l. 3 f. 9 d.	
Or fin.	. . . .	. . . .	. . . .	499 l. o o
Argent fin.	. . . .	. . . .	. . . .	31 l. 15 f. o

FABRICATIONS & Réformes.	Dattes des Edits, Déclarations, & Arrêts.	Dattes des Mutations.
	Par Arrêt du Conseil du 8 Mars 1701...	1701. premier Avril..
	Par Arrêt du Conseil du 28 Juin 1701..	Du jour de la Publicat.
	Par Arrêt du Conseil du 19 Septembre 1701. & par l'Edit du même mois...	19 Septembre.

oms des Efpeces & matieres.	Leur Titre.	Leur Taille.	Leur Valleur à la Piece.	Leur Valleur au Marc.
Loüis d'Or & Piftolles d'Efpagne.	. . . .	. . . .	12 l. 10 f. 0 d.	448 l. 0 f. 0 d.
Ecus.	. . . . . .	. . . .	3 l. 6 f. 0	28 l. 12 f. 11 d.
Reaux.	. . . . . .	. . . . . .	3 l. 5 f. 0	
Pieces de cinq fols . .	. . . .	. . . . . .	0 l. 5 f. 6 d.	
Or fin.	. . . . . .	. . . . . .	. . . .	489 l. 5 f. 0
Argent fin.	. . . . . .	. . . . . .	. . . .	31 l. 5 f. 0
Loüis d'Or & Piftolles d'Efpagne.	. . . . . .	. . . . . .	12 l. 0 0	423 l. 15 f. 6 d.
Ecus.	. . . . . .	. . . . . .	3 l. 5 f. 0	28 l. 4 f. 8 d.
Reaux.	. . . . . .	. . . . . .	3 l. 4 f. 0	
Pieces de cinq fols. . .	. . . . . .	. . . . . .	0 l. 5 f. 5 d.	
Or fin.	. . . . . .	. . . . . .	. . . .	462 l. 6 f. 0
Argent fin.	. . . . . .	. . . . . .	. . . .	30 l. 16 f. 0
Loüis d'Or.	. . . . . .	. . . . . .	12 l. 10 f. 0	453 l. 2 f. 6 d.
Ecus.	. . . . . .	. . . . . .	3 l. 7 f. 6 d.	30 l. 1 f. 10 d.
Or fin.	. . . . . .	. . . . . .	. . . .	494 l. 6 f. 4 d.
Argent fin.	. . . . . .	. . . . . .	. . . .	32 l. 16 f. 7 d.

FABRICATIONS & Réformes.	Dattes des Edits, Déclarations, & Arrèts.	Dattes des Mutations.
Fabrication & troisiéme Réforme des Loüis d'Or de 36 ¼ au Marc. Et des Ecüs de 9 au Marc.	Par ledit Edit du mois de Septembre 1701. & par la Déclaration du 27 dudit mois...	. . . .
Loüis d'Or. 		Du jour de la Publicat.
Ecu. 		
	Par Arrêt du Conseil du 4 Février 1702. . . .	1702. 4 Février. . .
Seconde Réforme des Pieces de quatre sols 	Par Déclaration du 14 Mars 1702.	Du jour de la Publicat.

s des Especes & Matieres.	Leur Titre.	Leur Taille.	Leur Valeur à la Piece.	Leur Valeur au Marc.
Loüis d'Or	à 22 Karats. .	36 ¼ au Marc.	14 l. o f. o d.	
Ecus	à 11 deniers. .	9 au Marc.	3 l. 16 f. o d.	
Loüis d'Or anciens & Pistoles d'Espagne.			13 l. o f. o d.	471 l. 5 f. o d.
Ecus idem.			3 l. 10 f. 6 d.	31 l. 8 f. 7 d.
Reaux.			3 l. 9 f. 6 d.	
Pieces de quatre fols.			o l. 4 f. o d.	
Or fin				514 l. 1 f. 10 d.
Argent fin.				34 l. 5 f. 9 d.
Pistoles d'Espagne.				503 l. 17 f. 10 d.
Reaux idem.				33 l. 9 f. 11 d.
Or fin venant d'Espag.				553 l. 12 f. 8 d.
Argent fin idem. . . .				36 l. 19 f. 3 d.
Pieces de quatre fols.			o l. 5 f. o d.	
Dito anciennes & non Réformées.			o l. 4 f. 2 d.	

FABRICATIONS & Réformes.	Dattes des Edits, Déclarations, & Arrêts.	Dattes des Mutations.
	Par Arrêt du Conseil du 22 Août 1702.	1702. 1. Septembre.
	Par Arrêt du Conseil du 18 Novembre 1702.	1703. premier Janvier.

Noms des Especes & Matieres.	Leur Titre.	Leur Taille.	Leur Valeur à la Piece.	Leur Valeur au Marc.
Loüis d'Or nouveaux & Réformés. . .			13 l. 17 f. 0 d.	
Ecus idem.			3 l. 19 f. 0 d.	
Pieces de 4 f. réformées			0 l. 4 f. 10 d.	
Pieces de 4 f. non réfor.			0 l. 4 f. 0 d.	
Pistolles d'Espagne . . .				494 l. 17 f. 10 d.
Reaux idem.				32 l. 12 f. 2 d.
Or fin venant d'Espag.				543 l. 15 f. 0 d.
Argent fin idem. . . .				35 l. 19 f. 1 d.
Loüis d'Or nouveaux & Réformés. . . .			13 l. 10 f. 0 d.	
Ecus idem.			3 l. 12 f. 0 d.	
Pieces de 4 fols idem.			0 l. 4 f. 9 d.	
Loüis d'Or anciens & non Réformés. . . .			12 l. 10 f. 0 d.	
Ecus idem.			3 l. 7 f. 6 d.	
Pieces de 4 fols idem.			0 l. 3 f. 0 d.	
Pistolles d'Espagne. . .				485 l. 17 f. 11 d.
Reaux idem.				31 l. 14 f. 8 d.
Or fin marqué d'Espag.				533 l. 17 f. 3 d.
Argent fin idem. . . .				35 l. 0 f. 4 d.
Or fin fans marque. . .				494 l. 6 f. 4 d.
Argent fin idem. . . .				32 l. 16 f. 7 d.

FABRI... TIONS ... rmes.	Dattes des Edits, Déclarations, & Arrêts.	Dattes des Mutations.
Fabrication de ... de ... Sols.	Par Déclaration du 29 May 1703. . .	. . . .
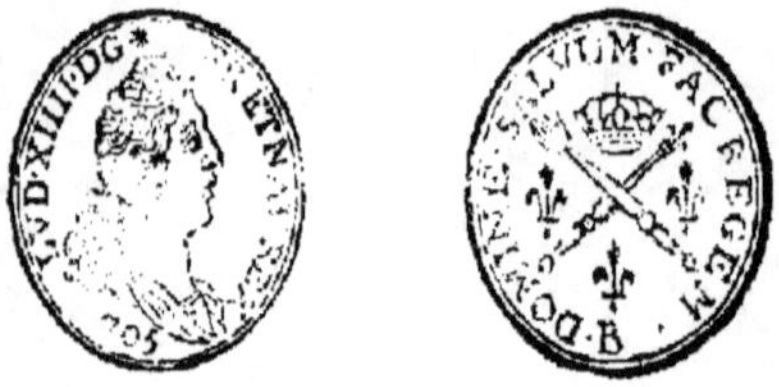	Par Arrêt du Conseil du 14 Juillet 1703. . .	1703. premier Août.
	Par Arrêts du Conseil des 14 juillet, & 21 Août 1703. . . .	premier Octobre.

Noms des Especes & Matieres.	Leur Titre	Leur Taille	Leur valeur à la Piece.	Leur valeur au Marc.
Pieces de dix sols...	à 10 deniers..	79 au Marc..	0 l. 10 s. 0 d	
Loüis d'Or nouveaux & réformés. . .			13 l. 5 s. 0 d.	
Ecus idem.			3 l. 11 s. 0 d.	
Loüis d'Or anciens & non réformés . . .			12 l. 5 s. 0 d.	444 l. 1 s. 3 d.
Ecus idem.			3 l. 6 s. 6 d.	29 l. 12 s. 7 d.
Pistoles d'Espagne . . .				176 l. 17 s. 11 d.
Reaux idem. . . .				31 l. 5 s. 10 d.
Or fin marqué d'Espag.				723 l. 19 s. 6 d.
Argent fin idem. . . .				34 l. 12 s. 7 d.
Or fin sans marque. .				434 l. 8 s. 7 d.
Argent fin idem. . .				32 l. 6 s. 6 d.
Loüis d'Or nouveaux & Réformés. . .			13 l. 0 s. 0 d.	
Ecus idem.			3 l. 10 s. 0 d.	
Pieces de 4 sols idem.			0 l. 4 s. 8 d.	
Loüis d'Or anciens & non Réformés. . . .			12 l. 0 s. 0 d.	435 l. 0 s. 0 d.
Ecus idem. . . .			3 l. 5 s. 0 d.	28 l. 19 s. 6 d.
Pieces de 4 sols idem.			0 l. 3 s. 10 d.	

FABRICATIONS & Réformes.	Dattes des Edits, Declarations & Arrêts.	Dattes des Mutation.
	Par lesdits Arrêts des 14 Juillet, & 21 Août 1703.	1703. 1. Octobre...
	Par Arrêt du Conseil du 30 Octobre 1703.	Du jour de la Publicat.
	Par Arrêt du Conseil du premier Avril 1704.	1704. premier May.

Noms des Especes & Matieres.	Leur Titre.	Leur Taille.	Leur Valeur à la Piece.	Leur Valeur au Marc.
Pistoles d'Espagne.				467 l. 18 f. o d.
Reaux idem.				30 l. 17 f. o d.
Or fin marqué d'Espag.				514 l. 1 f. 9 d.
Argent fin idem.				34 l. o f. 1o d.
Or fin sans Marque.				474 l. 1o f. 1o d.
Argent fin.				31 l. 12 f. 3 d.
Loüis d'Or anciens & nouveaux, & Pistoles d'Espagne.			13 l. o f. o d	471 l. 5 f. o d.
Ecus idem, & Reaux.			3 l. 10 f. o d.	31 l. 3 f. 4 d.
Pieces de 4 sols idem.			o l. 4 f. 9 d.	
Pieces de 5 sols idem.			o l. 5 f. 9 d.	
Sols douzains idem.			o l. 1 f. 3 d.	
Or fin sans Marque.				514 l. 1 f. 9 d.
Argent fin idem.				34 l. o f. 1o d.
Loüis d'Or, & Pistoles d'Espagne.			12 l. 15 f. o d.	462 l. 3 f. 8 d.
Ecus & Reaux.			3 l. 9 f. o d.	30 l. 15 f. 2 d.
Pieces de quatre sols.			o l. 4 f. 6 d.	
Or fin.				504 l. 4 f. 1 d.
Argent fin.				33 l. 11 f. 2 d.

FABRICATIONS & Réformes.	Dattes des Edits, Déclarations, & Arrêts.	Dattes des Mutations.
  Fabrication & quatriéme Réforme des Loüis d'Or de 36 ¼. au Marc, Et des Ecus de 9 au Marc.	Par Edit du mois de May 1704. . . .	Du jour de la Publicat.
Loüis d'Or.		
Ecu.		
	Par Arrêt du Conseil du 3 Janvier 1705. .	Du jour de la Publicat.

Noms des Especes, & Matieres.	Leur Titre.	Leur Taille.	Leur Valeur à la Piece.	Leur Valeur au Marc.
Loüis d'Or.	à 22 Karats...	36 ½ au Marc.	15 l. 0 f. 0 d.	
Ecus.	à 11 deniers.	9 au Marc. .	4 l. 0 f. 0 d.	
Loüis d'Or anciens & non Reformés, & Pistolles d'Espagne.	. . . .		13 l. 0 f. 0 d.	471 l. 5 f. 0 d.
Ecus idem, & Reaux.	. , ...		3 l. 10 f. 0 d.	31 l. 3 f. 4 d.
Or fin.				514 l. 1 f. 9 d.
Argent fin.				34 l. 0 f. 10 d.
Loüis d'Or anciens & non réformés, & Pistolles d'Espagne	. . . .		13 l. 10 f. 0 d.	489 l. 7 f. 5 d.
Ecus idem, & Reaux.	. . . . . . ,		3 l. 12 f. 0 d.	32 l. 11 f. 11 d.
Or fin.	. . . .	. . . . . .		533 l. 17 f. 3 d.
Argent fin.	. . . .	. . . . . .		35 l. 0 f. 4 d.

FABRICATIONS *& Réformes.*	Dattes des Edits, Déclarations, & Arrêts.	Dattes des Mutations.
	Par Arrêt du Conseil du 20 Janvier 1705.	1705. premier Février.
	Par Arrêt du Conseil du 19 May 1705. .	premier Juillet.
	Par Arrêt du Conseil du 7 Juillet 1705. . . **Et celui du 21 dito.**	Du jour de la Publicat. **de l'Arrêt du 7. . .**
	Par Arrêt du Conseil du 18 Août 1705. .	prem. Septembre.
	Par Arrêt du Conseil 17 Novembre 1705.	Du jour de la Publicat
		1706. premier Janvier
		premier Mars.

Noms des Especes & matieres.	Leur Titre.	Leur Taille.	Leur Valleur à la Piece.	Leur Valleur au Marc.
Loüis d'Or nouveaux & Réformés.			14 l. 15 f. o d.	
Ecus idem.			3 l. 19 f. o	
Loüis d'Or nouveaux & Réformés. . . .			14 l. 10 f. o	
Ecus idem.			3 l. 18 f. o	
Loüis d'Or anciens & non Réformés. . . .			12 l. 10 f. o	453 l. 2 f. 6 d.
Ecus idem.			3 l. 8 f. o	30 l. 6 l. 2 d.
Loüis d'Or anciens & non Réformés. . .			13 l. 10 f. o	489 l. 7 f. 5 d.
Ecus idem.			3 l. 12 f. o	32 l. 1 f. 11 d.
Loüis d'Or nouveaux & Réformés. . . .			14 l. 5 f. o	
Ecus idem.			3 l. 17 f. o	
Loüis d'Or anciens & nouveaux. . . .			14 l. 5 f. o	
Ecus idem.			3 l. 17 f. o	
Loüis d'Or			14 l. o f. o	
Ecus.			3 l. 16 f. o	
Loüis d'Or.			13 l. 15 f. o	
Ecus.			3 l. 14 f. o	

FABRICATIONS & Réformes.	Dattes des Edits, Déclarations, & Arréts.	Dattes des Mutations.
	Par Arrêt du Conseil du 15 May 1706...	1706. 1. Juillet....
	Par Arrêt du Conseil du 8 Juin 1706...	Ditto...
	Par Arrêt du Conseil du 27 Novembre 1706.	1707. 1. Janvier...
Fabrication des Pieces de vingt sols, pesant 4 deniers, 18 grains.	Par Déclaration du 9 Août 1707.....	....
	Par Arrêt du Conseil du 9 Août 1707...	Du jour de la publicat.
	Par Arrêts du Conseil des 31 Janvier, & 14 Février 1708.	1708. 1. Mars.....
	Par le susdit Arrêt du Conseil du 14. Février 1708......	premier Avril.

Noms des Espèces, & Matières.	Leur Titre.	Leur Taille.	Leur Valleur à la Piece.	Leur Valleur au Marc.
Pieces de dix sols.			0 l. 9 f. 6 d	
Loüis d'Or.			13 l. 10 f. 0 d.	
Ecus.			3 l. 12 f. 0	
Loüis d'Or.			13 l. 5 f. 0	
Ecus.			3 l. 11 f. 0	
Or fin.				523 l. 19 f. 6 d.
Argent fin.				34 l. 10 f 7 d.
Pieces de vingt sols.	À 10 deniers.	39 ¼. au Marc.	1 l. 0 0	
Pieces de dix sols.			0 l. 10 f. 0	
Loüis d'Or.			13 l. 0 f. 0	
Pieces de vingt sols.			0 l. 18 f. 0	
Pieces de dix sols.			0 l. 9 f. 0	
Pieces de quatre sols.			0 l. 4 f. 6	
Or fin.				514 l. 1 f. 9 d.
Ecus.			3 l. 10 f. 0 d.	
Piece sde vingt sols.			0 l. 17 f. 0 d.	
Pieces de dix sols.			0 l. 8 f. 6 d.	
Pieces de quatre sols.			0 l. 4 f. 3 d.	
Argent fin.				34 l. 0 f. 10 d.

FABRICATIONS & Reformes.	*Dattes des Edits, Déclarations, & Arrêts.*	*Dattes des Mutations.*
	Par Arrêt du Conseil du 17 Avril 1708.	1708. premier Juin.
	Par Arrêt du Conseil du 21 Juillet 1708.	premier Août.
	Par Arrêt du Conseil du 20 Novembre 1708.	1709. premier Janvier.
	Par Arrêt du Conseil du 19 Février 1709.	16 Mars. . . .

Noms des Especes & matieres.	Leur Titre.	Leur Taille.	Leur Valleur à la Piece.	Leur Valleur au Marc.
Pieces de vingt sols.			o l. 16 s. o d.	
Pieces de dix sols.			o l. 8 s. o d.	
Pieces de quatre sols.			o l. 4 s. o d.	
Pieces de vingt sols.			o l. 15 s. 6 d.	
Pieces de dix sols.			o l. 7 s. 9 d.	
Loüis d'Or.			12 l. 15 s. o d.	
Ecus.			3 l. 8 s. o d.	
Pieces de vingt sols.			o l. 15 s. d.	
Pieces de dix sols.			o l. 7 s. 6 d.	
Pieces de quatre sols.			o l. 3 s. 9 d.	
Or fin.				504 l. 4 s. 1 d.
Argent fin.				33 l. 1 s. 5 d.
Loüis d'Or.			12 l. 10 s. o	
Ecus.			3 l. 7 s. o	
Pieces de vingt sols.			o l. 14 s. 6 d.	
Pieces de dix sols.			o l. 7 s. 3 d.	
Or fin.				494 l. 6 s. 4 d.
Argent fin.				32 l. 11 s. 8 d.

FABRICATIONS & Réformes.	*Dattes des Edits, Déclarations, & Arrêts.*	*Dattes des Mutations.*
Fabrication de Loüis d'Or de 30 au Marc ; Et d'Ecus de 8 au Marc.	Par Edits des mois d'Avril & May 1709.	. . . .
Loüis d'Or pesant 6 deniers 9 grains.  		
Ecu pesant un once.  	Par Arrêt du Conseil du 4 Juin 1709. . . .	Du jour de la Publicat. Du jour de la Publicat.
	Par Arrêt du Conseil du 25 Juin 1709. . . .	1709. premier Juillet.

Noms des Especes, & matieres.	Leur Titre.	Leur Taille.	Leur Valleur à la Piece.	Leur Valleur au Marc.
Loüis d'Or. . . .	1 22 Karats. .	30 au Marc.	20 l. 0 f. 0 d.	
Doubles Loüis d'Or.	. . . .	15 au Marc.	40 l. 0 f. 0 d	
Demis Loüs d'Or.	. . . .	60 au Marc. .	10 l. 0 f. 0 d.	
Ecus.	à 11 deniers. .	8 au Marc.	5 l. 0 f. 0 d.	
Demis Ecus. . . .	. . . . . .	16 au Marc.	2 l. 10 f. 0 d.	
Quarts d'Ecus. . .	. . . . . .	32 au Marc.	1 l. 5 f. 0 d.	
Dixiémes d'Ecus. .	. . . . . .	80 au Marc.	0 l. 10 f. 0 d.	
Vingtémes d'Ecus.	. . . . . .	160 au Marc.	0 l. 5 f. 0 d	
Loüis d'Or anciens de	. . . . . .	36 ¼. au Marc.	13 l. 0 f. 0 d.	487 l. 10 f. 0
Ecus idem de . . .	. . . . . .	9 au Marc.	3 l. 10 f. 0 d.	32 l. 10 f. 0
Pieces de 20 f. & 10 f.	. . . . . .	. . . . . .	. . . . . .	29 l. 10 l. 10 d
Or fin.	. . . . . .	. . . . . .	. . . . . .	531 l. 16 f 4 d.
Argent fin.	. . . . . .	. . . . . .	. . . . . .	35 l. 9 f. 1 d.
Loüis d'Or de . . .	. . . . . .	36 ¼. au Marc.	13 l. 5 f. 0	
Ecus de	. . . . . .	9 au Marc.	3 l. 12 f. 0	
Piece de vingt fols.	. . . . . .	. . . . . .	0 l. 15 f. 0	
Pieces de dix fols. .	. . . . . .	. . . . .	0 l. 7 f. 6	
Loüis d'Or de . .	. . . . . .	36 ¼ au Marc	13 l. 0 f. 0 d.	471 l. 5 f 0 d.
Ecus de	. . . . . .	9 au Marc.	3 l. 10 f. 0 d.	31 l. 8 f. 4 d.
Or fin.	. . . . . .	. . . . . .	. . . . . .	534 l. 1 f 9 d.
Argent fin.	. . . . . .	. . . . .	. . . . . .	34 l. 5 f. 5 d.
Vaisselle plate de Paris	. . . . . .	. . . . . .	. . . . . .	33 l. 9 f. 8 d.
Vaisselle montée ditto.	. . . . . .	. . . . . .	. . . . . .	2 l. 19 f. 0 d.
Vaisselle de Province	à 11 deniers. .	. . . . . .	. . . .	2 l. 10 f. 0 d.

FABRICATIONS & Réformes.	Dattes des Edits, Déclarations, & Arrêts.	Dattes des Mutations.
	Par Arrêt du Conseil du 17 Septembre 1709.	1709. 1. Octobre.
Fabrication des Pieces de 30 deniers. 	Par Edit du mois de Septembre 1709. .	. . . .
Fabrication de Pieces de six deniers. 	Par Edit du mois d'Octobre 1709.	. . . .
	Par Arrêt du Conseil du 28 Décembre 1709.	Du jour de la Publicat.

Noms des Especes & Matieres.	Leur Titre.	Leur Taille	Leur Valeur à la Piece.	Leur Valeur au Marc.
Loüis d'Or de		36 ¼. au Marc.	12 l. 10 f. 0 d.	
Ecus de		9 au Marc. .	3 l. 7 f. 0 d.	
Pieces de 30 deniers.	à 2 den. 12 gr.	100 au Marc. .	0 l. 2 f. 6 d.	
Demies		100 au Marc. .	0 l. 1 f. 3 d.	
Sols douzains.		. . . .	0 l. 1 f. 6 d.	
Pieces de six deniers.	Cuivre pur . . .	40 au Marc. .	0 l. 0 f. 6 d.	
Loüis d'Or de		36 ¼. au Marc.	13 l. 10 f. 0 d.	508 l. 15 f. 0 d.
Ecus de		9 au Marc. .	3 l. 15 f. 0 d.	33 l. 18 f. 4 d.
Pieces de 20 f. & 10 f.	. . . .	. . . .	. . . .	30 l. 16 f. 8 d.
Or fin.	. . . .	. . . .	. . . .	555 l. 0 f. 0 d.
Argent fin.	. . . .	. . . .	. . . .	37 l. 0 f. 0 d.
Vaiffelle plate de Paris.	. . . .	. . . .	. . . .	34 l. 18 f. 10 d.
Vaiffelle montée ditto.	. . . .	. . . .	. . . .	34 l. 8 f. 7 d.
Vaiffelle de Province.	. . . .	. . . .	. . . .	33 l. 18 f. 4 d.

FABRICATIONS & Réformes.	Dattes des Edits, Déclarations, & Arrêts.	Dattes des Mutations.
	Par led. Arrêt du Conseil du 28 Décem. 1709.	1710. premier Janvier
		16 ditto. . .
	Par Arrêt du Conseil du 15 Janvier 1710. . .	25 ditto. . . .
	Par Déclaration du 7 Octobre 1710. . .	Du jour de la Publicat.
	Par Arrêt du Conseil 28 Mars 1711. . .	Du jour de la Publicat.
	Par Arrêt du Conseil du 28 Avril 1711. En interprétation de celui du 28 Mars dern.	. . . .

Noms des Especes & Matieres.	Leur Titre	Leur Taille.	Leur valeur à la Piece.	Leur valeur au Marc.
Pieces de vingt fols.			0 l. 14 f. 6 d.	
Pieces de dix fols.			0 l. 7 f. 3 d.	
Pieces de vingt fols.			0 l. 14 f. 0 d.	
Pieces de dix fols.			0 l. 7 f. 0 d.	
Pieces de vingt fols.			0 l. 15 f. 4 d.	
Pieces de dix fols.			0 l. 7 f. 8 d.	
Loüis d'Or de		36 ¼. au Marc.	13 l. 0 f. 0 d.	487 l. 10 f. 0 d.
Ecus de		9 au Marc.	3 l. 10 f. 0 d.	32 l. 10 f. 0 d.
Pieces de vingt fols.			0 l. 14 f. 0	19 l. 10 f. 0 d.
Pieces de dix fols.			0 l. 7 f. 0	
Or fin.				531 l. 16 f. 9 d.
Argent fin.				35 l. 9 f. d.
Vaisselle plate de Paris.				33 l. 9 f. 3 d.
Vaisselle montée ditto				32 l. 19 f. 0 d.
Vaisselle de Province.				32 l. 10 f. 0 d.
Pieces de quatre fols.				29 l. 10 f. 0 d.
Pieces de quatre fols.				29 l. 10 f. 0 d.

FABRICATIONS & Réformes.	Dattes des Edits, Declarations & Arrèts.	Dattes des Mutations.
	Par Arrêt du Conseil du 24 Octobre 1711.	Du jour de la Publicat.
		1712. 1. Janvier. . .
	Par Déclaration du 10 Décembre 1712.	Du jour de la Publicat.

Noms des Especes & Matieres.	Leur Titre.	Leur Taille.	Leur Valeur à la Piece.	Leur Valeur au Marc.
Loüis d'Or & Piftoles d'Efpagne.	. . . .	. . . .	. . . .	561 l. o f. o d.
Ecus & Piaftres. . . .	. . . .	. . . .	. . . .	37 l. 8 f. o d.
Pieces de 20 f. 10 f. & 4 f.	. . . .	. . . .	. . . .	34 l. o f. o d.
Or fin.	. . . .	. . . .	. . . .	612 l. o f. o d.
Argent fin.	. . . .	. . . .	. . . .	40 l. 16 f. o d.
Vaiffelle plate de Paris.	. . . .	. . . .	. . . .	38 l. 10 f. 8 d.
Vaiffelle montée ditto.	. . . .	. . . .	. . . .	37 l. 19 f. 4 d.
Vaiffelle de Province.	. . . .	. . . .	. . . .	37 l. 8 f. o d.
Loüis d'Or, & Piftoles d'Efpagne. . . .	. . . .	. . . .	. . . .	540 l. o f. o d.
Ecus & Piaftres. . . .	. . . .	. . . .	. . . .	36 l. o f. o d.
Pieces de 20 f. 10 f. & 4 f.	. . . .	. . . .	. . . .	32 l. 14 f. 6 d.
Or fin.	. . . .	. . . .	. . . .	589 l. 1 f. 9 d.
Argent fin.	. . . .	. . . .	. . . .	39 l. 5 f. 5 d.
Vaiffelle plate de Paris.	. . . .	. . . .	. . . .	37 l. 1 f. 9 d.
Vaiffelle montée ditto.	. . . .	. . . .	. . . .	36 l. 16 f. 10 d.
Vaiffelle de Province.	. . . .	. . . .	. . . .	36 l. o f. o d.
Loüis d'Or & Piftoles d'Efpagne. . . .	. . . .	. . . .	. . . .	585 l. o f. o d.
Ecus & Piaftres. . .	. . . .	. . . .	. . . .	39 l. o f. o d.
Pieces de 20 f. 10 f & 4 f.	. . . .	. . . .	. . . .	35 l. 9 f. 1 d.
Or fin.	. . . .	. . . .	. . . .	638 l. 3 f. 7 d.
Argent fin. . . .	. . . .	. . . .	. . . .	42 l. 10 f. 10 d.
Vaiffelle plate de Paris.	. . . .	. . . .	. . . .	40 l. 3 f. 7 d.
Vaiffelle montée ditto.	. . . .	. . . .	. . . .	39 l. 11 f. 9 d.
Vaiffelle de Province.	. . . .	. . . .	. . . .	39 l. o f. o d.

FABRICATIONS & Réformes.	Dattes des Edits, Déclarations, & Arrêts.	Dattes des Mutations.
	Par Arrêt du Conseil du 21 Février 1713...	1713. premier Avril
	Par Arrêt du Conseil du 30 Septembre 1713.	premier Décembre.
		1714. premier Février.
		premier Avril.
	Par Arrêt du Conseil du 24 Mars 1714.	10 ditto.
	Par led. Arrêt du Conseil du 30 Sept. 1713.	premier Juin.

Noms des Especes, & Matieres.	Leur Titre.	Leur Taille.	Leur Valeur à la Piece.	Leur Valeur au Marc.
Loüis d'Or & Pistolles d'Espagne.				540 l. 0 f. 0 d.
Ecus & Piastres.				36 l. 0 f. 0 d.
Pieces de 20 f. 10 f. & 4 f.				32 l. 14 f. 6 d.
Or fin.				589 l. 1 f. 9 d.
Argent fin.				39 l. 5 f. 5 d.
Vaisselle plate de Paris.				37 l. 1 f. 9 d.
Vaisselle montée ditto.				36 l. 10 f. 10 d.
Vaisselle de Province.				36 l. 0 f. 0 d.
Loüis d'Or de		30 au Marc.	19 l. 10 f. 0 d.	
Ecus de		8 au Marc.	4 l. 17 f. 6 d.	
Loüis d'Or de		30 au Marc.	19 l. 0 f. 0 d.	
Ecus de		8 au Marc.	4 l. 15 f. 0 d.	
Loüis d'Or de		30 au Marc.	18 l. 10 f. 0 d.	
Ecus de		8 au Marc.	4 l. 12 f. 6 d.	
Pieces de 30 deniers.			0 l. 2 f. 3 d.	
Sols douzains.			0 l. 1 f. 5 d.	
Loüis d'Or de		30 au Marc.	18 l. 0 f. 0 d.	
Ecus de		8 au Marc.	4 l. 10 f. 0 d.	

FABRICATIONS & Réformes.	Dattes des Edits, Déclarations, & Arrêts.	Dattes des Mutations.
	Par Arrêt du Conseil du 15 May 1714.	1714. premier Juin.
	Par Arrêt du Conseil du 14 Août 1714.	premier Septembre.
	Par Arrêt du Conseil du 25 Août 1714.	Ditto.
		15 Octobre.

Noms des Especes & Matieres.	Leur Titre.	Leur Taille.	Leur Valeur à la Piece.	Leur Valeur au Marc.
Loüis d'Or & Pistoles d'Espagne.				525 l. 0 s. 0 d.
Ecus, & Piastres.				35 l. 0 s. 0 d.
Pieces de 20 s. 10 s. & 4 s.				31 l. 16 s. 4 d.
Or fin.				572 l. 14 s. 6 d.
Argent fin.				38 l. 3 s. 7 d.
Vaisselle plate de Paris.				36 l. 1 s. 2 d.
Vaisselle montée dito.				35 l. 10 s. 7 d.
Vaisselle de Province.				35 l. 0 s. 0 d.
Loüis d'Or & Pistoles d'Espagne				495 l. 0 s. 0 d.
Ecus & Piastres.				33 l. 0 s. 0 d.
Pieces de 20 s. 10 s. & 4 s.				30 l. 0 s. 0 d.
Or fin.				540 l. 0 s. 0 d.
Argent fin.				36 l. 0 s. 0 d.
Vaisselle plate de Paris.				34 l. 0 s. 0 d.
Vaisselle montée dito.				33 l. 10 s. 0 d.
Vaisselle de Province.				33 l. 0 s. 0 d.
Loüis d'Or de		30 au Marc.	17 l. 0 s. 0 d.	
Ecus de		8 au Marc.	4 l. 5 s. 0 d.	
Loüis d'Or de		30 au Marc.	16 l. 10 s. 0 d.	
Ecus de		8 au Marc.	4 l. 2 s. 6 d.	

FABRICATIONS & Réformes.	Dattes des Edits, Déclarations, & Arrêts.	Dattes des Mutations.
	Par Arrêt du Conseil du 9 Octobre 1714.	1714. 15 Octobre.
	Par led. Arrêt du Conseil du 25 Août 1714.	premier Décembre.
	Par led. Arrêt du Conseil du 9 Octobre 1714.	Dito. . . .
	Par Arrêt du Conseil du 8 Décembre 1714.	20 dito.

Noms des Especes & Matieres.	Leur Titre.	Leur Taille.	Leur Valeur à la Piece.	Leur Valeur au Marc.
Loüis d'Or & Piftoles d'Espagne.	. . . .	. . . . . .	. . . .	480 l. 0 f. 0 d.
Ecus & Piaftres. . .	. . . . .	. . . . .	. . .	32 l. 0 f. 0 d.
Pieces de 20 f. 10 f. & 4 f.	. . . . .	. . . . .	. . .	29 l. 1 f. 9 d.
Or fin.	. . . . .	. . .	. . . .	523 l. 12 f. 8 d.
Argent fin.	. . . .	. . .	. .	34 l. 18 f. 2 d.
Vaiffelle plate de Paris.	. . . .	. . . .	. . .	32 l. 19 f. 4 d.
Vaiffelle montée dito.	. . . .	. . . .	. .	32 l. 9 f. 8 d.
Vaiffelle de Province.	. . . .	. . . .	. . .	32 l. 0 f. 0 d.
Loüis d'Or de	. . . .	30 au Marc.	16 l. 0 f. 0 d.	
Ecus de	. . . . .	8 au Marc.	4 l. 0 f. 0 d.	
Loüis d'Or & Piftoles d'Espagne.	. . . . .	. . . .	. . .	465 l. 0 f. 0 d.
Ecus & Piaftres. . . .	. . . .	. . . .	. .	31 l. 0 f. 0 d.
Pieces de 20 f. 10 f. & 4 f.	. . . .	. . . .	. .	28 l. 3 f. 7 d.
Or fin	. . . .	. . . .	. . .	507 l. 5 f. 5 d.
Argent fin.	. . . .	. . . .	. .	33 l. 16 f. 4 d.
Vaiffelle plate de Paris.	. . . .	. . . .	. .	31 l. 18 f. 9 d.
Vaiffelle montée dito.	. . . .	. . . .	. .	31 l. 9 f. 4 d.
Vaiffelle de Province.	. . . .	. . . .	. .	31 l. 0 f. 0 d.
Pieces de 30 deniers.	. . . .	. . . .	0 l. 2 f. 0 d.	
Sols douzains. . . .	. . . .	. . . .	0 l. 1 f. 4 d.	

FABRICATIONS & Réformes.	Dattes des Edits, Déclarations, & Arrêts.	Dattes des Mutations.
	Par autre Arrêt du Conseil du 8 Décemb. 1714.	1715. premier Février.
	Par Arrêt du Conseil du 15 Janvier 1715.	Dito.
	Par led. Arrêt du Conf. du 8 Décembre 1714.	premier Avril.
	Par led. Arrêt du Conseil du 15 Janvier 1715.	Dito.

Noms des Especes & Matieres.	Leur Titre.	Leur Taille.	Leur Valeur à la Piece.	Leur Valeur au Marc.
Loüis d'Or de . . .	. . . . . .	30 au Marc.	15 l. 10 s. 0 d.	
Ecus de	. . . .	8 au Marc.	3 l. 17 s. 6 d.	
Loüis d'Or & Pistoles d'Espagne. . .	. . . . .	. . . .	. . . . .	450 l. 0 s. 0 d.
Ecus & Piastres. . .	. . . .	. . . .	. . . .	30 l. 0 s. 0 d.
Pieces de 20 s. 10 s. & 4 s.	. . . .	. . . .	. . . .	27 l. 5 s. 5 d.
Or fin. . . .	. . . .		. . . .	490 l. 18 s. 2 d.
Argent fin. . .	. . . .		. . . .	32 l. 14 s. 6 d.
Vaisselle plate de Paris.	. . . .		. . . .	30 l. 18 s. 2 d.
Vaisselle montée dito.	. . . .		. . . .	30 l. 9 s. 1 d.
Vaisselle de Province.	. . . .		. . . .	30 l. 0 s. 0 d.
Loüis d'Or de . . .	. . . .	30 au Marc.	15 l. 0 s. 0 d.	
Ecus de . . .	. . . .	8 au Marc.	3 l. 15 s. 0 d.	
Loüis d'Or & Pistoles d'Espagne. . .	. . . .	. . . .	. . . .	435 l. 0 s. 0 d.
Ecus & Piastres. .	. . . .	. . . .	. . . .	29 l. 0 s. 0 d.
Pieces de 20 s. 10 s. & 4 s.	. . . .		. . . .	26 l. 7 s. 3 d.
Or fin. . .	. . . .		. . . .	474 l. 10 s. 10 d.
Argent fin. . .	. . . .		. . . .	31 l. 12 s. 8 d.
Vaisselle plate de Paris.	. . . .		. . . .	29 l. 17 s. 6 d.
Vaisselle montée dito.	. . . .		. . . .	29 l. 8 s. 9 d.
Vaisselle de Province.	. . . .		. . . .	29 l. 0 s. 0 d.

FABRICATIONS & Réformes.	Dattes des Edits, Déclarations, & Arrêts.	Dattes des Mutations.
	Par Arrêt du Conseil du 14 May 1715.	1715 premier Juin.
	Par Arrêt du Conseil du 18 Juin 1715...	Du jour de la Publicat.
	Par Arrêt du Conseil du 23 Juillet 1715.	1. Septembre.
		Ledit jour 1. Septembre 1715. Loüis XV. succeda à Loüis XIV. son Bisayeul.
	Par Arrêt du Conseil du 12 Octobre 1715.	25 Octobre.

Noms des Especes, & Matieres.	Leur Titre.	Leur Taille.	Leur Valeur à la Piece.	Leur Valeur au Marc.
Loüis d'Or de	. . . .	30 au Marc. .	14 l. 10 f. 0 d.	
Ecus de	. . . .	8 au Marc. .	3 l. 12 f. 0 d.	
Loüis d'Or & Piftoles d'Efpagne.	. . . .	. . . .	. . . .	420 l. 0 f. 0 d.
Ecus & Piaftres. . . .	. . . .	. . . .	. . . .	28 l. 0 f. 0 d.
Pieces de 20 f. 10 f. & 4 f.	. . . .	. . . .	. . . .	25 l. 9 f. 1 d.
Or fin.	. . . .	. . . .	. . . .	458 l. 3 f. 7 d.
Argent fin.	. . . .	. . . .	. . . .	30 l. 10 f. 10 d.
Vaiffelle plate de Paris.	. . . .	. . . .	. . . .	28 l. 16 f. 11 d.
Vaiffelle montée dito.	. . . .	. . . .	. . . .	28 l. 8 f. 5 d.
Vaiffelle de Province.	. . . .	. . . .	. . . .	28 l. 0 f. 0 d.
Loüis d'Or & Piftoles d'Efpagne.	. . . .	. . . .	. . . .	435 l. 0 f. 0 d.
Ecus & Piaftres. . . .	. . . .	. . . .	. . . .	29 l. 0 f. 0 d.
Pieces de 20 f. 10 f. & 4 f.	. . . .	. . . .	. . . .	26 l. 7 f. 3 d.
Or fin.	. . . .	. . . .	. . . .	474 l. 10 f. 10 d.
Argent fin.	. . . .	. . . .	. . . .	31 l. 12 f. 8 d.
Vaiffelle plate de Paris	. . . .	. . . .	. . . .	29 l. 17 f. 6 d.
Vaiffelle montée dito.	. . . .	. . . .	. . . .	29 l. 8 f. 9 d.
Vaiffelle de Province.	. . . .	. . . .	. . . .	29 l. 0 f. 0 d.
Loüis d'Or de	. . . .	30 au Marc. .	14 l. 0 f. 0 d.	
Ecus de	. . . .	8 au Marc. .	3 l. 10 f. 0 d.	
Loüis d'Or & Piftoles d'Efpagne.	. . . .	. . . .	. . . .	420 l. 0 f. 0 d.
Ecus & Piaftres. . . .	. . . .	. . . .	. . . .	28 l. 0 f. 0 d.
Pieces de 20 f. 10 f. & 4 f.	. . . .	. . . .	. . . .	25 l. 9 f. 1 d.
Or fin.	. . . .	. . . .	. . . .	458 l. 3 f. 7 d.
Argent fin.	. . . .	. . . .	. . . .	30 l. 10 f. 10 d.
Vaiffelle plate de Paris.	. . . .	. . . .	. . . .	28 l. 16 f. 11 d.
Vaiffelle montée dito.	. . . .	. . . .	. . . .	28 l. 8 f. 5 d.
Vaiffelle de Province.	. . . .	. . . .	. . . .	28 l. 0 f. 0 d.
Pieces de 30 deniers.	. . . .	. . . .	0 l. 1 f. 9 d.	
Sols douzains.	. . . .	. . . .	0 l. 1 f. 3 d.	

FABRICATIONS & Réformes.	Dattes des Edits, Déclarations, & Arrêts.	Dattes des Mutations.
Fabrication & Réforme des Loüis d'Or de 30 au Marc. Et des Ecus de 8 au Marc.	Par Edit du mois de Décembre 1715...	. . . .
Loüis d'Or.		Du jour de la Publicat.
Ecu.		

Noms des Especes & Matieres.	Leur Titre.	Leur Taille.	Leur Valeur à la Piece.	Leur Valeur au Marc.
Loüis d'Or	à 22 Karats. .	30 au Marc.	20 l. 0 f. 0 d.	
Ecus	à 11 deniers..	8 au Marc. .	5 l. 0 f. 0 d.	
Loüis d'Or anciens & non Réformés de		30 au Marc.	16 l. 0 f. 0 d.	
Ecus idem de		8 au Marc.	4 l. 0 f. 0 d.	
Loüis d'Or & Piftoles d'Efpagne. . . .				480 l. 0 f. 0 d.
Ecus & Piaftres. . . .				32 l. 0 f. 0 d.
Pieces de 20 f. 10 f. & 4 f. . . .				29 l. 1 f. 9 d.
Or fin. . . .				523 l. 12 f. 8 d.
Argent fin. . . .				34 l. 18 f. 2 d.
Vaiffelle plate de Paris. . . .				32 l. 19 f. 4 d.
Vaiffelle montée ditto. . . .				32 l. 9 f. 8 d.
Vaiffelle de Province. . . .				32 l. 0 f. 0 d

FABRICATIONS & *Réformes.*	*Dattes des Edits, Déclarations, & Arrêts.*	*Dattes des Mutations.*
Fabrication des Loüis d'Or de 20 au Marc.	Par Edit du mois de Novembre 1716.	. . . .
Loüis d'Or pesant 9 deniers 14 grains. 		1717. premier Janvier.
	Par Arrêt du Conseil du 26 Février 1718.	Du jour de la Publicat.
	Par Arrêt du Conseil du 19 Mars 1718.	1718. premier Avril.

Noms des Especes & Matieres.	Leur Titre	Leur Taille.	Leur valeur à la Piece.	Leur valeur au Marc.
Loüis d'Or	à 22 Karats. . .	20 au Marc.	30 l. 0 f. 0 d.	
Quatruples.	. . . .	5 au Marc. .	120 l. 0 f. 0 d.	
Doubles Loüis d'Or.	. . . .	10 au Marc.	60 l. 0 f. 0 d.	
Demis Loüis d'Or. ·	. . . .	40 au Marc.	15 l. 0 f. 0 d.	
Quarts de Loüis d'Or.	. . . .	80 au Marc.	7 l. 10 f. 0 d.	
Loüis d'Or & Piftoles d'Efpagne.	. . . .	. . . .	. . . .	472 l. 10 f. 0 d.
Ecus & Piaftres. . . .	. . . .	. . . .	. . . .	31 l. 10 f. 0 d.
Pieces de 20 f. 10 f. & 4 f.	. . . .	. . . . .	. . . .	28 l. 12 f. 8 d.
Or fin.	. . . .	. . . . . .	. . . . . .	515 l. 9 f. 1 d.
Argent fin.	. . . .	. . . . . .	. . . . . .	34 l. 7 f. 3 d.
Vaiffelle plate de Paris.	. . . .	. . . . .	. . . . . .	32 l. 9 f. 1 d.
Vaiffelle montée ditto.	. . . .	. . . . .	. . . . .	31 l. 19 f. 6 d.
Vaiffelle de Province.	. . . . . .	. . . . . .	. . . .	31 l. 10 f. 0 d
Loüis d'Or anciens & nouveaux de	. . . .	30 au Marc.	18 l. 0 f. 0 d.	
Ceux de	. . . .	36¼. au Marc.	15 l. 0 f. 0 d.	
Ecus anciens & non Réformés de	. . . .	8 au Marc.	4 l. 10 f. 0 d.	
Ceux de	. . . .	9 au Marc.	4 l. 0 f. 0 d	
Loüis d'Or de	. . . .	36¼. au Marc.	14 l. 16 f. 0 d.	

FABRICATIONS & Réformes.	Dattes des Edits, Déclarations, & Arrêts.	Dattes des Mutations.
Fabrication des Loüis d'Or de 25 au Marc. Et des Ecus de dix au Marc.	Par Edit du mois de May 1718. . . .	. . . .
Loüis d'Or pesant 7 deniers, 16 grains.		
Ecu pesant 6 gros, 24 grains ou 19 den		
	Par ledit Edit	Du jour de la Publicat.

Noms des Especes, & Matieres.	Leur Titre.	Leur Taille.	Leur Valeur à la Piece.	Leur Valeur au Marc.
Loüis d'Or.	à 22 Karats . .	25 au Marc.	36 l. 0 f. 0 d.	
Doubles Loüis d'Or.		12 ½ au Marc.	72 l. 0 f. 0 d.	
Demis Loüis d'Or.		50 au Marc.	18 l. 0 f. 0 d.	
Ecus	à 11 deniers. .	10 au Marc. .	6 l. 0 f. 0 d.	
Demis Ecus.		20 au Marc.	3 l. 0 f. 0 d.	
Quarts d'Ecus.		40 au Marc.	1 l. 10 f. 0 d.	
Dixiémes d'Ecus.		100 au Marc. .	0 l. 12 f. 0 d.	
Vingtiémes d'Ecus.		200 au Marc.	0 l. 6 f. 0 d.	
Loüis d'Or de		20 au Marc. .	36 l. 0 f. 0	
Ceux de		30 au Marc.	24 l. 0 f. 0	600 l. 0 f. 0 d.
Ceux de		36 ¼ au Macr.	19 l. 12 f. 0	
Ecus de		8 au Marc.	6 l. 0 f. 0	
Ceux de		9 au Marc.	5 l. 6 f. 0	40 l. 0 f. 0 d.
Pieces de 30 deniers.		. . . .	0 l. 2 f. 3 d.	
Sols douzains.		. . . .	0 l. 1 f. 6 d.	
Or fin.	. . . .	. . . .		654 l. 10 f. 11 d.
Argent fin.	. . . .	. . . .		43 l. 12 f. 8 d.

FABRICATIONS & Réformes.	Dattes des Edits, Déclarations, & Arrêts.	Dattes des Mutations.
	Par Arrêt du Conseil du 20 Août 1718. . . .	1718. 1. Septembre.
Fabrication de Sixiémes & Douziémes d'Ecus de dix au Marc, au lieu des Quarts, Dixiémes & Vingtiémes desdits Ecus. Piece de vingt sols.  Piece de dix sols. 	Par Déclaration du 19 Décembre 1718. . . .	. . . .
	Par Arrêt du Conseil du 7 May 1719. .	Du jour de la Publicat.

Noms des Especes & Matieres.	Leur Titre.	Leur Taille.	Leur Valeur à la Piece.	Leur Valeur au Marc.
Loüis d'Or, & Piſtoles d'Eſpagne.	. . . . . .	. . . . . .	. . . . .	720 l. o ſ. o d.
Ecus & Piaſtres. . . .	. . . . . .	. . . . . .	. . . . .	48 l. o ſ. o d.
Pieces de 20 ſ. 10 ſ. & 4 ſ.	. . . . . .	. . . . . .	. . . . .	43 l. 1 ſ. 9 d.
Or fin.	. . . . . .	. . . . . .	. . . . .	785 l. 9 ſ. 1 d.
Argent fin.	. . . . . .	. . . . . .	. . . . .	52 l. 7 ſ. 3 d.
Vaiſſelle plate de Paris.	. . . . . .	. . . . . .	. . . . .	49 l. 9 ſ. 1 d.
Vaiſſelle montée ditto.	. . . . . .	. . . . . .	. . . . .	48 l. 14 ſ. 6 d.
Vaiſſelle de Province.	. . . . . .	. . . . . .	. . . . .	48 l. o ſ. o d.
Sixiémes d'Ecus de 10 au Marc.	à 11 deniers.	60 au Marc.	1 l. o ſ. o d.	
Douziémes, ...	. . . . . .	120 au Marc.	o l. 10 ſ. o d.	
Loüis d'Or de	. . . . . .	25 au Marc.	35 l. o ſ. o d.	

FABRICATIONS & Réformes.	Dattes des Edits, Declarations & Arrêts.	Dattes des Mutations.
Fabrication des Sols, Demis Sols, & Quarts de Sols de Cuivre pur.	Par Edits des mois de May & Juillet 1719. · · · · · · · · · ·	
Pieces de 12 deniers.		

Pieces de 6 deniers.		

Piece de 3 deniers.		

	Par Arrêt du Conseil du 25 Juillet 1719.	Du jour de la Publicat.
	Par Arrêt du Conseil du 3 Août 1719.	1719. 15 Septembre.

Noms des Especes & matieres.	Leur Titre.	Leur Taille.	Leur Valleur à la Piece.	Leur Valleur au Marc.
Pieces de 12 deniers de	Cuivre pur...	20 au Marc.	0 l. 1 f. 0 d.	
Piec.s de 6 deniers. .	Idem.	40 au Marc.	0 l. 0 f. 6 d	
Pieces de 3 deniers, .	Idem.	80 au Marc.	0 l. 0 f. 3 d.	
Loüis d'Or de		25 au Marc.	34 l. 0 f. 0 d	
Loüis d'Or & Pistolles d'Espagne.				710 l. 0 f. 0 d.
Or fin				774 l. 10 f. 0 d.

FABRICATIONS & Réformes.	Dattes des Edits, Déclarations, & Arrêts.	Dattes des Mutations.
	Par Arrêt du Conseil du 23 Septembre 1719.	Du jour de la Publicat.
	Par led. Arrêt du Conseil du 3 Août 1719.	1719. 1. Octobre...
		16 Ditto...
		premier Novembre.
	Par led. Arrêt du Conseil du 23 Septembre 1719.	16 Ditto.

Noms des Especes, & Matieres.	Leur Titre.	Leur Taille.	Leur Valeur à la Piece.	Leur Valeur au Marc.
Loüis d'Or de	....	25 au Marc.	33 l. 0 f. 0 d.	
Ecus de	....	10 au Marc.	5 l. 16 f. 0 d.	
Ecus & Piastres.	....	....	....	46 l. 8 f. 0 d.
Pieces de 20 f. 10 f. & 4 f.	....	....	....	41 l. 13 f. 1 d.
Vaisselle plate de Paris.	....	....	....	47 l. 16 f. 1 d.
Vaisselle montée ditto.	....	....	....	47 l. 2 f. 0 d.
Vaisselle de Province.	....	....	....	46 l. 8 f. 0 d.
Argent fin.	....	....	....	50 l. 12 f. 4 d.
Loüis d'Or & Pistolles d'Espagne.	....	....	....	700 l. 0 f. 0 d.
Or fin.	....	....	....	763 l. 12 f. 8 d.
Loüis d'Or & Pistoles d'Espagne.	....	....	....	690 l. 0 f. 0 d.
Or fin.	....	....	....	752 l. 14 f. 6 d.
Loüis d'Or & Pistoles d'Espagne.	....	....	....	680 l. 0 f. 0 d.
Or fin.	....	....	....	741 l. 16 f. 4 d.
Loüis d'Or & Pistoles d'Espagne.	....	....	....	660 l. 0 f. 0 d.
Or fin.	....	....	....	720 l. 0 f. 0 d.

FABRICATIONS & Réformes.	*Dattes des Edits, Déclarations, & Arrêts,*	*Dattes des Mutations.*
Fabrication des Quinzains d'Or. Et Livres d'Argent. Quinzain d'Or pesant 2 den. 22 grains.  Livre d'Argent pesant 2 den. 22 grains. 	Par Edit du mois de Décembre 1719.	. . . .
	Par Arrêt du Conseil du 3 Décembre 1719.	Du jour de la Publicat.
		1720. premier Janvier dans les Provinces.
	Par Arrêt du Conseil du 10 Décembre 1719.	Ditto dans les Provinc.
	Par Arrêt du Conseil du 22 Janvier 1720.	Du jour de la Publicat.

Noms des Especes, & Matieres.	Leur Titre.	Leur Taille.	Leur Valeur à la Piece.	Leur Valeur au Marc.
Quinzains d'Or. . . .	à 24 Karats. .	65 $\frac{5}{7}$ au Marc.	15 l. 0 f. 0 d.	
Livre d'Argent. . . .	à 12 deniers	65 $\frac{5}{7}$ au Marc.	1 l. 0 f. 0 d.	
Loüis d'Or de		25 au Marc.	32 l. 0 f. 0 d.	
Ecus de		10 au Marc.	5 l. 12 f. 0 d.	
Loüis d'Or de		25 au Marc.	31 l. 0 f. 0 d.	
Ecus de		10 au Marc.	5 l. 8 f. 0 d.	
Sixiémes des Ecus de		10 au Marc.	0 l. 13 f. 0 d.	
Douziémes idem.			0 l. 9 f. 0 d.	
Loüis d'Or de		25 au Marc.	36 l. 0 f. 0	
Ceux de		20 au Marc.	45 l. 0 f. 0	
Ceux de		30 au Marc.	30 l. 0 f. 0	900 l. 0 f. 0 d.
Ceux de		36 $\frac{1}{4}$ au Marc.	24 l. 12 f. 0	
Ecus de		10 au Marc.	6 l. 0 f. 0	
Ceux de		8 au Marc.	7 l. 10 f. 0	60 l. 0 f. 0 d.
Ceux de		9 au Marc.	6 l. 13 f. 4	

FABRICATIONS *& Réformes.*	*Dattes des Edits, Déclarations, & Arrèts,*	*Dattes des Mutations.*
	Par Arrêt du Conseil du 28 Janvier 1720.	Du jour de la Publicat.
	Par Arrêt du Conseil du 25 Février 1720...	Du jour de la Publicat.
	Par Arrêt du Conseil du 27 Février 1720.	Défenses de garder plus de 500 l. en Efpeces du 1. Mars dans Paris & du 15 dans les Provinces.

Noms des Espèces, & matières.	Leur Titre.	Leur Taille.	Leur Valleur à la Pièce.	Leur Valleur au Marc.
Loüis d'Or de		25 au Marc.	34 l. 0 f. 0	
Ceux de		20 au Marc.	42 l. 10 f. 0	900 l. 0 f. 0 d.
Ceux de		30 au Marc. .	28 l. 6 f. 8	
Ceux de		36 ¼ au Marc.	23 l. 9 f. 0	
Ecus de		10 au Marc.	5 l. 13 f. 6	
Ceux de		8 au Marc.	7 l. 1 f. 8	
Ceux de		9 au Marc.	6 l. 6 f. 0	60 l. 0 f. 0 d.
Sixiémes d'Ecus de . . .		10 au Marc.	1 l. 0 f. 0	
Douziémes defd. Ecus.		. . . . .	0 l. 10 f. 0	
Loüis d'Or de		25 au Marc.	36 l. 0 f. 0	
Ceux de		20 au Marc.	45 l. 0 f. 0	900 l. 0 f. 0 d.
Ceux de		30 au Marc	30 l. 0 f. 0	
Ceux de		36 ¼ au Marc.	24 l. 12 f. 0	
Or fin.		. . . .		981 l. 16 f. 4 d.
Ecus de		10 au Marc.	6 l. 0 f. 0	
Ceux de		8 au Marc	7 l. 10 f. 0	60 l. 0 f. 0 d.
Ceux de		9 au Marc	6 l. 13 f. 4	
Argent fin.		. . . . .		65 l. 9 f. 1 d.
Pieces de 30 deniers.		. . . .	0 l. 3 f. 0 d.	
Sols douzains.		. . . .	0 l. 2 f. 0 d.	
Sols de Cuivre		. . . . . .	0 l. 1 f. 4 d.	
Demis Sols idem.		. . . . . .	0 l. 0 f. 8 d.	
Liards.		. . . .	0 l. 0 f. 4 d.	

FABRICATIONS & Réformes.	Dattes des Edits, Déclarations, & Arrêts.	Dattes des Mutations.
	Par Arrêt du Conseil du 5 Mars 1720.	Du jour de la Publicat.
	Par Déclaration du 11. Mars 1720. . . .	1720. 20 Mars, dans Paris seulement. . . .
		premier Avril, partout le Royaume.

Noms des Especes & Matieres.	Leur Titre.	Leur Taille.	Leur Valeur à la Piece.	Leur Valeur au Marc.
Loüis d'Or de		25 au Marc.	48 l. 0 f. 0	
Ceux de		20 au Marc.	60 l. 0 f. 0	
Ceux de		30 au Marc.	40 l. 0 f. 0	1200 l. 0 f. 0 d.
Ceux de		36 ¼ au Marc.	32 l. 16 f. 0	
Or fin.				1309 l. 1 f. 9 d.
Ecus de		10 au Marc.	8 l. 0 f. 0	
Ceux de		8 au Marc.	10 l. 0 f. 0	80 l. 0 f. 0 d.
Ceux de		9 au Marc.	8 l. 17 f. 9	
Livres d'Argent, & Sixiémes d'Ecus de		10 au Marc.	1 l. 10 f. 0 d.	
Douziémes deld. Ecus.			0 l. 15 f. 0 d.	
Argent fin.				87 l. 5 f. 5 d.
Loüis d'Or de		25 au Marc.	42 l. 0 f. 0	
Ceux de		20 au Marc.	52 l. 10 f. 0	
Ceux de		30 au Marc.	35 l. 0 f. 0	1050 l. 0 f. 0 d.
Ceux de		36 ¼ au Marc.	28 l. 14 f. 0	
Or fin.				1145 l. 9 f. 1 d.
Loüis d'Or de		25 au Marc.	36 l. 0 f. 0	
Ceux de		20 au Marc.	45 l. 0 f. 0	
Ceux de		30 au Marc.	30 l. 0 f. 0	900 l. 0 f. 0 d.
Ceux de		36 ¼ au Marc.	24 l. 12 f. 0	
Or fin.				981 l. 16 f. 4 d.
Ecus de		10 au Marc.	7 l. 0 f. 0	
Ceux de		8 au Marc.	8 l. 15 f. 0	70 l. 0 f. 0 d.
Ceux de		9 au Marc.	7 l. 15 f. 0	
Argent fin				76 l. 7 f. 3 d.

FABRICATIONS & Réformes.	Dattes des Edits, Déclarations, & Arrèts.	Dattes des Mutations.
	Par ladite Déclaration du 11 Mars 1720. . .	1720. premier May, hors de cours & mise.
Fabrication de Loüis d'Argent ou Tiers d'Ecus de dix au Marc. 	Par Edit du mois de Mars 1720. . . .	premier May.
	Par Arrêt duConseil du 29 May 1720. . .	Du jour de la Publicat. dans les païem.de 100 l.

Noms des Especes & Matieres.	Leur Titre.	Leur Taille.	Leur Valeur à la Piece	Leur Valeur au Marc.
Loüis d'Or aux Monnoyes seulement. . .	. . . .	. . . .	. . . .	50 l. 0 s. 0 d.
Ecus de	. . . .	10 au Marc.	6 l. 10 s. 0	
Ceux de	. . . .	8 au Marc.	8 l. 2 s. 6	65 l. 0 s. 0 d.
Ceux de	. . . .	9 au Marc.	7 l. 4 s. 0	
Sixiémes d'Ecus de . .	. . . .	10 au Marc.	1 l. 7 s. 6 d.	
Douziémes desd. Ecus.	. . . .	. . . .	1 . . 9.	
Argent fin.	. . . .	. . . .	. . . .	70 l. 18 s. 2 d.
Loüis d'Argent. . . .	à 11 deniers.	30 au Marc.	3 l. 0 s. 0 d.	
Loüis d'Argent. . . .	. . . .	. . . .	2 l. 15 s. 0 d.	
Loüis d'Or de	. . . .	25 au Marc.	49 l. 18 s. 0	
Ceux de	. . . .	20 au Marc. .	61 l. 17 s. 6	237 l. 10 s. 0 d.
Ceux de	. . . .	30 au Marc.	41 l. 5 s. 0	
Ceux de	. . . .	36¼ au Marc.	33 l. 16 s. 0	
Or fin.	. . . .	. . . .	. . . .	1370 l. 0 s. 0 d.
Ecus de	. . . .	10 au Marc. .	8 l. 5 s. 0	
Ceux de	. . . .	8 au Marc.	10 l. 6 s. 0	82 l. 10 s. 0 d.
Ceux de	. . . .	9 au Marc.	9 l. 2 s. 0	
Argent fin.	. . . .	. . . .	. . . .	90 l. 0 s. 0 d.

FABRICATIONS *& Réformes.*	Dattes des Edits, *Déclarations, & Arrêts.*	Dattes *des Mutations.*
	Par Arrêt du Conseil du 1. Juin 1720. .	Permis de garder telle somme en Especes qu'on jugera à propos.
	Par Arrêt du Conseil du 10 Juin 1720.	1720. premier Juillet.
		16 ditto. . .

Noms des Especes & Matieres.	Leur Titre.	Leur Taille.	Leur valeur à la Piece.	Leur valeur au Marc.
Loüis d'Or de		25 au Marc.	45 l. 0 f. 0	
Ceux de		20 au Marc.	56 l. 5 f. 0	1125 l. 0 f. 0 d.
Ceux de		30 au Marc.	37 l. 10 f. 0	
Ceux de		36 ¼. au Marc.	30 l. 15 f. 0	
Or fin.				1227 l. 5 f. 5 d.
Ecus de		10 au Marc.	7 l. 10 f. 0	
Ceux de		8 au Marc.	9 l. 7 f. 6	75 l. 0 f. 0 d.
Ceux de		9 au Marc.	8 l. 6 f. 8	
Argent fin.				81 l. 16 f. 4 d.
Loüis d'Argent.			2 l. 10 f. 0 d.	
Livres d'Argent.			1 l. 5 f. 0 d.	
Loüis d'Or de		25 au Marc.	40 l. 10 f. 0	
Ceux de		20 au Marc.	50 l. 12 f. 0	1012 l. 10 f. 0 d.
Ceux de		30 au Marc.	33 l. 15 f. 0	
Ceux de		36 ¼. au Marc.	27 l. 12 f. 0	
Or fin				1104 l. 10 f. 10 d.
Ecus de		10 au Marc.	6 l. 15 f. 0	
Ceux de		8 au Marc.	8 l. 8 f. 9	67 l. 10 f. 0 d.
Ceux de		9 au Marc.	7 l. 10 f. 0	
Loüis d'Argent.			2 l. 5 f. 0 d.	
Livres d'Argent.			1 l. 2 f. 6 d.	
Argent fin.				73 l. 12 f. 8 d.

FABRICATIONS & Réformes.	Dattes des Edits, Declarations & Arrêts.	Dattes des Mutations.
	Par Arrêt du Conseil du 30 Juillet 1720.	Du jour de la Publicat.
	Par Arrêt du Conseil du 31 Juillet 1720.	Du jour de la Publicat.
Fabrication des Demis & Quarts de Sols de Cuivre.	Par Edit du mois de Août 1720.	. . . .

Noms des Especes & Matieres.	Leur Titre.	Leur Taille.	Leur Valeur à la Piece.	Leur Valeur au Marc.
Loüis d'Or de . . .	. . . .	25 au Marc.	72 l. 0 f. 0	1800 l. 0 f. 0 d.
Ceux de	. . . .	20 au Marc.	90 l. 0 f. 0	
Ceux de	. . . . . .	30 au Marc.	60 l. 0 f. 0	
Ceux de	. . . . . .	36 ¼ au Marc.	49 l. 12 f. 0	
Or fin.	. . . . .	. . . . .		1963 l. 12 f. 8 d.
Ecus de	. . . . . .	10 au Marc.	12 l. 0 f. 0	120 l. 0 f. 0 d.
Ceux de	. . . . .	8 au Marc.	15 l. 0 f. 0	
Ceux de	. . . . .	9 au Marc.	13 l. 6 f. 8	
Loüis d'Argent. . . .	. . . . . .	. . . . . .	4 l. 0 f. 0 d.	
Livres d'Argent . . .	. . . . . .	. . . . . .	2 l. 0 f. 0 d.	
Argent fin.	. . . . . .	. . . . . .	. . . . .	130 l. 18 f. 2 d.
Pieces de 30 deniers.	. . . . . .	. . . . . .	0 l. 5 f. 0 d.	
Sols douzains. . . .	. . . . . .	. . . . . .	0 l. 3 f. 6 d.	
Sols de Cuivre. . .	. . . . . .	. . . . . .	0 l. 2 f. 8 d.	
Demis Sols idem. . .	. . . . . .	. . . . . .	0 l. 1 f. 4 d.	
Liards.	. . . . . .	. . . . . .	0 l. 0 f. 8 d.	
Demis Sols de . . .	Cuivre pur. . .	40 au Marc	0 l. 1 f. 4 d.	
Quarts de Sols idem.	. . . . . .	80 au Marc.	0 l. 0 f. 8 d.	

FABRICATIONS & Réformes.	Dattes des Edits, Déclarations, & Arrèts.	Dattes des Mutations.
	Par ledit Arrêt du Conseil du 30 Juillet 1720.	1710. 1. Septembre.
		16 Ditto.

Noms des Especes, & matieres.	Leur Titre.	Leur Taille.	Leur Valeur à la Piece.	Leur Valeur au Marc.
Loüis d'Or de		25 au Marc.	63 l. 0 s. 0	
Ceux de		20 au Marc.	78 l. 15 s. 0	
Ceux de		30 au Marc.	52 l. 10 s. 0	1575 l. 0 s. 0 d.
Ceux de		36¼ au Marc.	43 l. 8 s. 0	
Or fin.				718 l. 3 s. 7 d.
Ecus de		10 au Marc.	10 l. 10 s. 0	
Ceux de		8 au Marc.	13 l. 2 s. 6	105 l. 0 s. 0 d.
Ceux de		9 au Marc.	11 l. 13 s. 4	
Loüis d'Argent. . .			3 l. 10 s. 0 d.	
Livres d'Argent. . .			1 l. 15 s. 0 d.	
Argent fin.				114 l. 10 s. 10 d.
Loüis d'Or de . . .		25 au Marc.	54 l. 0 s. 0	
Ceux de		20 au Marc.	67 l. 10 s. 0	
Ceux de		30 au Marc	45 l. 0 s. 0	1350 l. 0 s. 0 d.
Ceux de		36¼ au Marc.	37 l. 4 s. 0	
Or fin.				1490 l. 14 s. 6 d.
Ecus de		10 au Marc.	9 l. 0 s. 0	
Ceux de		8 au Marc	11 l. 5 s. 0	90 l. 0 s. 0 d.
Ceux de		9 au Marc	10 l. 0 s. 0	
Loüis d'Argent. . .			3 l. 0 s. 0 d.	
Livres d'Argent. . .			1 l. 10 s. 0 d	
Argent fin.				98 l. 3 s. 7 l.

FABRICATIONS *& Réformes.*	*Dattes des Edits, Déclarations, & Arrèts.*	*Dattes des Mutations.*
	Par Arrêt du Conseil du 21 Septembre 1720.	Du jour de la Publicat.
Fabrication & Réforme des Loüis d'Or de 25 au Marc, des Ecus de 10 au Marc & des Louis d'Argent, ou tiers d'Ecus.	Par Edit du mois de Septembre 1720. .	. . . .
Louis d'Or.  Loüis d'Argent.  Ecu  	Par led. Edit & Arrêt du Conseil du 30 Juil. 1720.	1720. prem Octobre.

Noms des Especes & matieres.	Leur Titre.	Leur Taille.	Leur Valleur à la Piece.	Leur Valleur au Marc.
Pieces de 30 deniers.	. . . . . .	. . . . . .	o l. 3 f. 9 d.	
Sols douzains. . . .	. . . . . .	. . . . . .	o l. 2 f. 9 d.	
Sols de Cuivre . . .	. . . . . .	. . . . . .	o l. 2 f. o d.	
Demis Sols idem. . .	. . . . . .	. . . . . .	o l. 1 f. o d.	
Liards.	. . . . . .	. . . . . .	o l. o f. o d.	
Loüis d'Or	à 22 Karats. .	25 au Marc.	54 l. o f. o d.	
Ecus	à 11 deniers. .	10 au Marc.	9 l. o f. o d.	
Loüis d'Argent. . .	à 11 deniers. .	30 au Marc.	3 l. o f. o d.	
Loüis d'Or anciens de	. . . . . .	25 au Marc.	45 l. o f. o	
Ceux de	. . . . . .	20 au Marc.	56 l. 5 f. o	1725 l. o f. o d.
Ceux de	. . . . . .	30 au Marc.	37 l. 10 f. o	
Ceux de.	. . . . . .	36 $\frac{1}{4}$ au Marc.	31 l. o f. o	
Or fin	. . . . . .	. . . . . .	. . . . . .	227 l. 5 f. 5 d
Ecus anciens de . .	. . . . . .	10 au Marc.	7 l. 10 f. o	
Ceux de	. . . . . .	8 au Marc.	9 l. 7 f. 6	75 l. o f. o d.
Ceux de	. . . . . .	9 au Marc.	8 l. 6 f. 3	
Loüis d'Argent anciens	. . . . . .	. . . . . .	2 l. 10 f. o d.	
Livres d'Argent. . .	. . . . . .	. . . . . .	1 l. 5 f. o d.	
Argent fin. . . .	. . . . . .	. . . . . .	. . . . . .	61 l. 16 f. 4 d.

FABRICATIONS & *Réformes.*	Dattes des Edits, Déclarations, & Arrêts.	Dattes des Mutations.
	Par Arrêt du Conseil du 24 Octobre 1720.	Du jour de la Publicat.
	Par Arrêt du Conseil du 18 Novembre 1720.	Du jour de la Publicat.
	Par Arrêt du Conseil du 24 Novembre 1720.	Du jour de la Publicat.
	Par Arrêt du Conseil du 8 Novembre 1720.	1720. 1. Décembre
	Par Arrêt du Conseil du 18 Novembre 1720.	Ditto.

Noms des Especes, & Matieres.	Leur Titre.	Leur Taille.	Leur Valleur à la Piece.	Leur Valleur au Marc.
Loüis d'Or anciens de		25 au Marc.	46 l. 16 f. o d.	470 l. o f. o d.
Ecus & idem de		10 au Marc.	7 l. 16 f. o d.	78 l. o f. o d.
Or fin.				1276 l. 7 f. 3 d.
Argent fin.				85 l. 21 f. 9 d.
Loüis d'Or de		20 au Marc.	58 l. 10 f. o d.	
Ceux de		30 au Marc.	39 l. o f. o d.	
Ceux de		36 ¼ au Marc.	32 l. o f. o d.	
Ecus de		8 au Marc.	9 l. 15 f. o d.	
Ceux de		9 au Marc.	8 l. 13 f. 4 d.	
Livres d'Argent.			1 l. 6 f. o d.	
Pieces de 30 deniers			o l. 3 f. o d.	
Sols douzains.			o l. 2 f. 3 d.	
Sols de Cuivre.			o l. 1 f. 8 d.	
Demis Sols idem.			o l. o f. 10 d.	
Liards.			o l. o f. 5 d.	
Loüis d'Or anciens de		25 au Marc.	37 l. 16 f. o d.	945 l. o f. o d.
Ecus idem de		10 au Marc.	6 l. 6 f. o d.	63 l. o f. o d.
Or fin.				1030 l. 18 f. 2 d.
Agent fin.				68 l. 14 f. 6 d.
Loüis d'Or de		20 au Marc.	47 l. 5 f. o d.	
Ceux de		30 au Marc.	31 l. 10 f. o d.	
Ceux de		36 ¼ au Marc	25 l. 15 f. o d.	
Ecus de		8 au Marc	7 l. 17 f. 6 d.	
Ceux de		9 au Marc.	7 l. o f. o d.	
Livres d'Argent.			1 l. 1 f. o d.	

FABRICATIONS & *Réformes*.	*Dattes des Edits, Déclarations, & Arrèts.*	*Dattes des Mutations.*
	Par led. Arrêt du Conseil du 24 Octobre 1720.	1720. 1. Décembre.
	Par Arrêt du Conseil du 30 Avril 1721	Du jour de la publicat.
	Par Arrêt du Conseil du 3 Juin 1721.	Du jour de la Publicat.
Fabrication de Sols, Demis Sols, & Quarts de Sols de Cuivre, pour les Colonies Françoises.	Par Edit du mois de Juin 1721.	. . . .

Noms des Especes & matieres.	Leur Titre.	Leur Taille.	Leur Valleur à la Piece.	Leur Valleur au Marc.
Loüis d'Or nouveaux & Réformés de . . .		25 au Marc.	45 l. 0 f. 0 d.	
Ecus idem de . . .		10 au Marc.	7 l. 10 f. 0 d.	
Loüis d'Argent idem.			2 l. 10 f. 0 d.	
Sols de Cuivre			0 l. 1 f. 6 d	
Demis Sols idem. . .			0 l. 0 f. 9 d.	
Liards			0 l. 0 f. 4 d. $\frac{1}{2}$	
Sols douzains. . . .			0 l. 2 f. 1 d.	
Sols de	Cuivre pur . . .	20 au Marc.	0 l. 1 f. 6 d.	
Demis Sols idem . .		40 au Marc.	0 l. 0 f. 9 d.	
Quarts de Sols idem.		80 au Marc.	0 l. 0 f. 4 d. $\frac{1}{2}$	

FABRICATIONS *& Réformes.*	Dattes des Edits, Déclarations, & arrêts.	Dattes des Mutations.
	Par Arrêt du Conseil du 5 Août 1721. .	Du jour de la Publicat.
Fabrication de Sols , Demis Sols , & Quarts de Sols de Cuivre 	Par Edit du mois de May 1722.	. . . .
	Par Arrêt du Conseil du 21 Juillet 1723. .	Du jour de la Publicat

Noms des Efpeces & Matieres.	Leur Titre.	Leur Taille.	Leur Valeur à la Piece.	Leur Valeur au Marc.
Sols de Cuivre. . . .	. . . .	. . . .	0 l. 1 f. 4 d.	
Demis Sols idem. . .	. . . .	. . . .	0 l. 0 f. 8 d.	
Liards.	. . . .	. . . . . .	0 l. 0 f. 4 d.	
Sols de	Cuivre pur. . .	. . . .	0 l. 1 f. 4 d.	
Demis Sols . . .	Idem. . . .	. . . .	0 l. 0 f. 8 d.	
Quarts de Sols . .	Idem . . .	. . . .	0 l. 0 f. 4 d.	
Loüis d'Or nouveaux & Réformés de . .	. . . . 25 au Marc.		44 l. 0 f. 0 d.	
Sols douzains. . . .	. . . .		0 l. 2 f. 0 d.	

FABRICATIONS & Réformes.	*Dattes des Edits, Déclarations, & Arrèts.*	*Dattes des Mutations.*
Fabrication de Loüis d'Or de 37 & demi au Marc.	Par Edit du mois de Août 1723. . . .	. . . .
Loüis d'Or pesant cinq den. 2 grains. 		
	Par ledit Edit	Du jour de la Publicat.

Noms des Especes, & Matieres.	Leur Titre.	Leur Taille.	Leur Valeur à la Piece.	Leur Valeur au Marc.
Loüis d'Or . : . . .	à 22 Karats...	37½ au Marc.	27 l. 0 f. 0 d.	
Doubles Loüis d'Or.		18¾ au Marc.	54 l. 0 f. 0 d.	
Demis Loüis d'Or. . . :		75 au Marc..	13 l. 10 f. 0 d.	
Loüis d'Or anciens & nouveaux de . . . . : : . : . . : .		25 au Marc.	39 l. 12 f. 0 ⎱	
Ceux legers d'un grain.			39 l. 7 f. 0 ⎰	997 l. 0 f. 0 d.
Ecus anciens & nouveaux de . . . . : : . : . . .		10 au Marc.	6 l. 18 f. 0 d.	68 l. 0 f. 0 d.
Or fin.				1087 l. 12 f. 8 d.
Argent fin.				74 l. 3 f. 7 d.
Vaisselle plate de Paris.				70 l. 1 f. 2 d.
Vaisselle montée ditto.				69 l. 0 f. 7 d.
Vaisselle de Province.				68 l. 0 f. 0 d.

FABRICATIONS & Réformes.	Dattes des Edits, Declarations & Arrêts.	Dattes des Mutations.
	Par Arrêt du Conseil du 4 Février 1724.	Du jour de la Publicat.
	Par Arrêt du Conseil du 17 Mars 1724.	Du jour de la Publicat.
	Par Arrêt du Conseil du 3 Avril 1724.	1724. trois Avril. . .

Noms des Eſpeces & Matieres.	Leur Titre.	Leur Taille.	Leur valeur à la Piece.	Leur valeur au Marc.
Loüis d'Or de	. . . .	37 ½. au Marc.	24 l. 0 ſ. 0 d.	
Ecus de	. . . .	10 au Marc.	6 l. 3 ſ. 0 d.	
Loüis d'Or, & Piſtoles d'Eſpagne. . . .	. . . .	. . . .	. . . .	885 l. 0 ſ. 0 d.
Ecus & Piaſtres. . . .	. . . .	. . . .	. . . .	60 l. 10 ſ. 0 d
Or fin. . . .	. . . .	. . . .	. . . .	965 l. 9 ſ. 1 d.
Argent fin. . . .	. . . .	. . . .	. . . .	66 l. 0 ſ. 0 d.
Vaiſſelle plate de Paris.	. . . .	. . . .	. . . .	62 l. 6 ſ. 8 d.
Vaiſſelle montée ditto.	. . . .	. . . .	. . . .	61 l. 8 ſ. 4 d.
Vaiſſelle de Province.	. . . .	. . . .	. . . .	60 l. 10 ſ. 0 d.
Loüis d'Or de	. . . .	37 ½. au Marc.	20 l. 0 ſ. 0 d.	
Ecus de	. . . .	10 au Marc.	5 l. 0 ſ. 0 d.	
Loüis d'Or & Piſtoles d'Eſpagne . . .	. . . .	. . . .	. . . .	735 l. 0 ſ. 0 d.
Ecus & Piaſtres. . .	. . . .	. . . .	. . . .	49 l. 0 ſ. 0 d.
Or fin	. . . .	. . . .	. . . .	801 l. 16 ſ. 4 d.
Argent fin. . . .	. . . .	. . . .	. . . .	55 l. 9 ſ. 11 d.
Pieces de 30 deniers.	. . . .	. . . .	0 l. 2 ſ. 3 d.	
Sols douzains. . . .	. . . .	. . . .	0 l. 1 ſ. 6 d	
Sols de Cuivre . . .	. . . .	. . . .	0 l. 1 ſ. 0 d.	
Liards	. . . .	. . . .	0 l. 0 ſ. 3 d.	
Demis Sols de Cuivre.	. . . .	. . . .	0 l. 0 ſ. 6 d.	

FABRICATIONS & Réformes.	Dattes des Edits, Déclarations, & Arrèts.	Dattes des Mutations.
	Par Arrêt du Conseil du 22 Septembre 1724.	Du jour de la Publicat.
Fabrication d'Ecus de dix trois huitiémes au Marc. Ecu pesant 18 deniers 12 grains.	Par Edit du mois de Septembre 1724...	1724. 1. Novembre.

LUD·XV·D·G·FR·ET·NAV·REX·

1724 · SIT · NOMEN · DOM · B · BENEDICT ·

Noms des Especes & Matieres.	Leur Titre.	Leur Taille.	Leur Valeur à la Piece.	Leur Valeur au Marc.
Loüis d'Or de	. . . . . .	37 ½ au Marc.	16 l. 0 f. 0 d.	
Ecus de	. . . . . .	10 au Marc.	4 l. 0 f. 0 d.	
Loüis d'Or & Piftolles d'Espagne	. . . . . .	. . . . . .	. . . . . .	588 l. 0 f. 0 d.
Ecus & Piaftres. . . .	. . . . . .	. . . . . .	. . . . . .	39 l. 4 f. 0 d.
Or fin.	. . . . . .	. . . . . .	. . . . . .	641 l. 9 f. 1 d.
Argent fin.	. . . . . .	. . . . . .	. . . . . .	42 l. 15 f. 3 d.
Ecus	à 11 deniers.	10 ⅛ au Marc.	4 l. 0 f. 0 d.	
Demis Ecus	. . . . . .	20 ⅝ au Marc.	2 l. 0 f. 0 d.	
Quarts d'Ecus. . . .	. . . . . .	41 4/8 au Marc.	1 l. 0 f. 0 d.	
Huitiémes d'Ecus. . .	. . . . . .	83 au Marc.	0 l. 10 f. 0 d.	
Seiziémes d'Ecus . .	. . . . . .	166 au Marc.	0 l. 5 f. 0 d.	
Ecus & Piaftres. . .	. . . . . .	. . . . . .	. . . . . .	40 l. 14 f. 0 d.
Argent fin	. . . . . .	. . . . . .	. . . . . .	44 l. 8 f. 0 d.
Vaiffelle plate de Paris.	. . . . . .	. . . . . .	. . . . . .	41 l. 18 f. 8 d.
Vaiffelle montée ditto.	. . . . . .	. . . . . .	. . . . . .	41 l. 6 f. 4 d.
Vaiffelle de Province.	. . . . . .	. . . . . .	. . . . . .	40 l. 14 f. 0 d.

FABRICATIONS & Réformes.	Dattes des Edits, Déclarations, & Arrèts.	Dattes des Mutations.
	Par Arrêt du Conseil du 4 Décembre 1725.	1726. 1. Janvier. . .

Noms des Especes & matieres.	Leur Titre.	Leur Taille.	Leur Valleur à la Piece.	Leur Valleur au Marc.
Loüis d'Or de		37½ au Marc.	14 l. o f. o d.	
Ecus de		10 au Marc.	3 l. 10 f. o d.	
Ceux de		10⅔ au Marc.	3 l. 10 f. o d.	
Loüis d'Or & Pistoles d'Espagne. . . .				514 l. 10 f. o d.
Ecus & Piastres. . . .				35 l. 12 f. 3 d.
Or fin. . . .				561 l. 5 f. 5 d.
Argent fin. . . .				38 l. 17 f. o d.
Vaisselle plate de Paris. . . .				36 l. 13 f. 10 d.
Vaisselle montée ditto. . . .				36 l. 3 f. o d.
Vaisselle de Province. . . .				35 l. 12 f. 3 d.

FABRICATIONS *& Réformes.*	*Dattes des Edits, Déclarations, & Arrêts.*	*Dattes des Mutations.*
Fabrication de Loüis d'Or de 30 au Marc, & des Ecus de 8 ⅓ au Marc.	Par Edit du mois de Janvier 1726. . . .	. . . .
Loüis d'Or pesant 6 deniers. 9 grains  		
Ecu pesant 23 deniers, deux grains.  		

Noms des Especes & matieres.	Leur Titre.	Leur Taille.	Leur Valleur à la Piece.	Leur Valleur au Marc.
Loüis d'Or	à 22 Karats. .	30 au Marc.	20 l. 0 f. 0 d.	
Doubles Loüis d'Or.		15 au Marc.	40 l. 0 f. 0 d.	
Demis Loüis d'Or.		60 au Marc.	10 l. 0 f. 0 d	
Ecus	à 11 deniers. .	8 $\frac{5}{16}$ au Marc.	5 l. 0 f. 0 d.	
Demis Ecus		16 $\frac{6}{15}$ au Marc.	2 l. 10 f. 0 d.	
Cinquiémes d'Ecus.		41 $\frac{5}{16}$ au Marc.	1 l. 0 f. 0 d.	
Dixiémes d'Ecus		83 au Marc.	0 l. 10 f. 0 d.	
Vingtiémes d'Ecus.		166 au Marc.	0 l. 5 f. 0 d.	

FABRICATIONS & Réformes.	Dattes des Edits, Déclarations, & Arrêts.	Dattes des Mutations.
	Par led. Edit du mois de Janvier 1726. . .	Du jour de la publicat.
	Par Arrêt du Conseil du 26 May 1726.	Du jour de la Publicat.

Noms des Especes, & Matieres.	Leur Titre.	Leur Taille.	Leur Valleur à la Piece.	Leur Valleur au Marc.
Loüis d'Or de		37½ au Marc.	12 l. 18 f. 0	
Ceux de		36¼ au Marc.	13 l. 7 f. 0	
Ceux anciens de		30 au Marc.	16 l. 4 f. 0	432 l. 0 f. 0 d.
Ceux de		25 au Marc.	19 l. 8 f. 0	
Ceux de		20 au Marc.	24 l. 6 f. 0	
Or fin.				336 l. 14 f. 6 d.
Ecus de		9 au Marc.	3 l. 14 f. 0	
Ceux de		8 au Marc.	4 l. 3 f. 6	
Ceux de		10 au Marc.	3 l. 6 f. 0	34 l. 0 f. 0 d.
Ceux de		10 3/8 au Marc.	3 l. 4 f. 0	
Agent fin.				37 l. 1 f. 9 d.
Vaisselle plate de Paris.				35 l. 0 f. 7 d.
Vaisselle montée ditto.				34 l. 10 f. 3 d.
Vaisselle de Province.				34 l. 0 f. 0 d.
Loüis d'or nouveaux de		30 au Marc.	24 l. 0 f. 0 d.	
Ecus de		8 5/16 au Marc.	6 l. 0 f. 0 d.	
Loüis d'Or de		37½ au Marc.	16 l. 16 f. 0	
Ceux de		36¼ au Marc.	17 l. 6 f. 0	
Ceux anciens de		30 au Marc.	21 l. 0 f. 0	637 l. 10 f. 0 d
Ceux de		25 au Marc.	25 l. 4 f. 0	
Ceux de		20 au Marc.	31 l. 10 f. 0	
Or fin.				695 l. 9 f. 1 d.

FABRICATIONS & Réformes.	Dattes des Edits, Déclarations, & Arrêts.	Dattes des Mutations.
	Par led. Arrêt du Conseil du 26 May 1726.	Du jour de la Publicat.
	Par Arrêt du Conseil du 8 Juin 1726...	Du jour de la Publicat.
	Par Arrêt du Conseil du 15 Juin 1726. .	Du jour de la Publicat.

Noms des Espèces, & matieres.	Leur Titre.	Leur Taille.	Leur Valleur à la Piece.	Leur Valleur au Marc.
Ecus de		9 au Marc.	4 l. 15 f. o	
Ceux de		8 au Marc.	5 l. 7 f. o	44 l. o f. o d.
Ceux de		10 au Marc.	4 l. 5 f. 6	
Ceux de		10 ⅜ au Marc.	4 l. 3 f. 6	
Argent fin.			. . . .	48 l. o f. o d.
Pieces de 30 deniers.			o l. 2 f. 6 d.	
Sols douzains.			o l. 1 f. 9 d.	
Loüis d'Or de		37 ½ au Marc.	17 l. 18 f. o	
Ceux de		36 ¼ au Marc.	18 l. 7 f. o	
Ceux anciens de		30 au Marc.	22 l. 6 f. o	673 l. 15 f. o d.
Ceux de		25 au Marc.	26 l. 15 f. o	
Ceux de		20 au Marc.	33 l. 9 f. o	
Or fin.			. . . .	740 l. 9 f. 1 d.
Ecus de		9 au Marc	5 l. 1 f. o	
Ceux de		8 au Marc	5 l. 15 f. o	46 l. 18 f. o d.
Ceux de		10 au Marc.	4 l. 11 f. o	
Ceux de		10 ⅜ au Marc.	4 l. 9 f. o	
Argent fin.			. . . .	51 l. 3 f. 3 d.
Vaisselle plate de Paris.			. . . .	48 l. 6 f. 9 d.
Vaisselle montée ditto.			. . . .	47 l. 12 f. 2 d.
Vaisselle de Province.			. . . .	46 l. 18 f. o d.

FABRICATIONS & Réformes.	Dattes des Edits, Déclarations, & Arrêts.	Dattes des Mutations.
	Par Arrêt du Conseil du 28 Novembre 1729.	Du jour de la Publicat.

Noms des Especes, & Matieres.	Leur Titre.	Leur Taille.	Leur Valeur à la Piece.	Leur Valeur au Marc.
Pieces de 30 deniers.	. . . . . .	. . . .	o l. 2 f. o d.	
Sols douzains.	. . . .	. . . .	o l. 2 f. o d.	

MONOYES
DE FRANCE.

A.	Paris.		Q.	Perpignan.
B.	Roüen.		R.	Orleans.
C.	Caën.		S.	Reims.
D.	Lion.		T.	Nantes.
E.	Tours.		V.	Troyes.
F.	Angers.		X.	Amiens.
G.	Poitiers.		Y.	Bourges.
H.	La Rochelle.		Z.	Grenoble.
I.	Limoges.		&.	Aix.
K.	Bordeaux.		9.	Rennes.
L.	Bayonne.		AA.	Mets.
M.	Toulouse.		BB.	Strasbourg.
N.	Montpellier.		CC.	Besançon.
O.	Riom.		W.	Lisle.
P.	Dijon.			Pau.

EVALUATION

ET

TARIF

Du Prix que le Roy veut & ordonne être payé aux Hôtels des Monoyes, & par les Changeurs, des Barres, Lingots, Especes anciennes, Matieres, & Vaisselles d'Or & d'Argent qui y seront apportées, à commencer au 18 Juin 1726. En exécution de l'Arrêt du Conseil du 15 dudit mois, Registré en la Cour des Monoyes le 18 Juin 1726.

ESPECES D'OR,

ECU VIEIL,

Franc à pied & à Cheval, Noble à la Rose, Angelots d'Angleterre, Salut d'Angleterre, & Noble Henry

LE Marc desdites Especes, évaluées à 23 Karats ¾. sera payé 732 liv. 14 s. 9 d.

DUCATS DE TOUTES SORTES,
& Sequins de Venise.

Le Marc desdites Especes, évaluées à 23 Karats ¾. sera payé . . 723 l. 2 s. o d.

LYS D'OR

Le Marc defdites Efpeces, évaluées à 23 Karats $\frac{4}{3\frac{1}{2}}$. fera payé . . 713 liv. 9 f. 2 d.

ECU D'OR DOUBLE HENRI.

Le Marc defdites Efpeces, évaluées à 22 Karats $\frac{18}{3\frac{1}{2}}$. fera payé . . 696 liv. 2 f. 1 d.

LOUIS D'OR, LEOPOLDS DE LORAINE,
Piftoles d'Efpagne, Millerets de Portugal, & Guinées d'Angleterre.

Le Marc defdites Efpeces, évaluées à 22 Karats fera payé . . . . 678 liv. 15 f. 0 d.

SAINT ESTIENNE DE PORTUGAL,
Portugaifes, Jacobus vieux & nouveaux d'Angleterre, Souverains de Flandre, & Efcalins au Lyon.

Le Marc defdites Efpeces, évaluées à 21 Karats $\frac{18}{3\frac{1}{2}}$. fera payé . . . 674 liv. 17 f. 10 d.

PISTOLES DU PEROU,
de nouvelle Fabrication.

Le Marc defdites Efpeces, évaluées à 21 Karats $\frac{10}{3\frac{1}{2}}$. fera payé . . 667 liv. 3 f. 7 d.

PISTOLES D'ITALIE,
Ecu Philippe, Ecu Reine, Ecu de Flandre, Albertus de Flandre.

Le Marc defdites Efpeces, évaluées à 21 Karats $\frac{18}{3\frac{1}{2}}$. fera payé . . 665 l. 5 f. 0 d.

FLORIN DU RHIN, ECU DE LIEGE.

Le Marc defdites Efpeces, évaluées à 18 Karats fera payé . . . . 555 liv. 6 f. 9 d.

Le Prix des Barres, Barretons, Culots, Poudre de Guinée, Chaines, gros & menus Ouvrages, & autres Matieres d'Or, fera payé après l'effay, à proportion de leurs titres.

Le Marc d'Or des titres plus bas, & les fractions des Demis, Quarts, Huitémes, Seiziémes & Trente-deuxiémes de Karats des titres ci-deffus, & des autres qui pouront fe trouver au-deffous, feront payés fuivant l'évaluation ci-après.

EVALUATION
Des Karats d'Or fin,
Sur le pied de 740 liv. 9 ſ. 1 d. le Marc.

KARATS.

1 vaut	30 l. 17 ſ. 0 d.
2	61 l. 14 ſ. 1 d.
3	92 l. 11 ſ. 1 d.
4	123 l. 8 ſ. 2 d.
5	154 l. 5 ſ. 2 d.
6	185 l. 2 ſ. 3 d.
7	215 l. 19 ſ. 3 d.
8	246 l. 16 ſ. 4 d.
9	277 l. 13 ſ. 4 d.
10	308 l. 10 ſ. 5 d.
11	339 l. 7 ſ. 6 d.
12	370 l. 4 ſ. 6 d.
13	401 l. 1 ſ. 7 d.
14	431 l. 18 ſ. 7 d.
15	462 l. 15 ſ. 8 d.
16	493 l. 12 ſ. 8 d.
17	524 l. 9 ſ. 9 d.
18	555 l. 6 ſ. 9 d.
19	586 l. 3 ſ. 10 d.
20	617 l. 0 ſ. 10 d.
21	647 l. 17 ſ. 11 d.
22	678 l. 15 ſ. 0 d.
23	709 l. 12 ſ. 0 d.
24	740 l. 9 ſ. 1 d.

EVALUATION
Des Trente-deuxièmes d'Or fin,
Sur le pied de 740 l. 9 ſ. 1 d. le Marc.

TRENTE-DEUXIÈMES.

1 vaut	0 l. 19 ſ. 3 d.
2	1 l. 18 ſ. 6 d.
3	2 l. 17 ſ. 10 d.
4	3 l. 17 ſ. 1 d.
5	4 l. 16 ſ. 4 d.
6	5 l. 15 ſ. 8 d.
7	6 l. 14 ſ. 11 d.
8	7 l. 14 ſ. 3 d.
9	8 l. 13 ſ. 6 d.
10	9 l. 12 ſ. 9 d.
11	10 l. 12 ſ. 1 d.
12	11 l. 11 ſ. 4 d.
13	12 l. 10 ſ. 8 d.
14	13 l. 9 ſ. 11 d.
15	14 l. 9 ſ. 2 d.
16	15 l. 8 ſ. 6 d.
17	16 l. 7 ſ. 9 d.
18	17 l. 7 ſ. 1 d.
19	18 l. 6 ſ. 4 d.
20	19 l. 5 ſ. 7 d.
21	20 l. 4 ſ. 11 d.
22	21 l. 4 ſ. 2 d.
23	22 l. 3 ſ. 6 d.
24	23 l. 2 ſ. 9 d.
25	24 l. 2 ſ. 0 d.
26	25 l. 1 ſ. 4 d.
27	26 l. 0 ſ. 7 d.
28	26 l. 19 ſ. 10 d.
29	27 l. 19 ſ. 2 d.
30	28 l. 18 ſ. 5 d.
31	29 l. 17 ſ. 9 d.
32	30 l. 17 ſ. 0 d.

ESPECES D'ARGENT.

PIECES DE BRUNSVICK.

LE Marc defdites Efpeces, évaluées à 11 deniers 16 grains, fera payé 49 l. 14 f. 10 d.

LYS D'ARGENT.

Le Marc defdites Efpeces, évaluées à 11 deniers 11 grains, fera payé 48 liv. 17 f. 1 d.

Ducatons d'Hollande, & de Cologne, Bajoires de Flandre, Croifats de Gennes.

Le Marc defdites Efpeces, évaluées à 11 deniers 2 grains, fera payé .. 47 liv. 5 f. 1 d.

Quarts d'Ecus, Ecus d'Angleterre, & Chelins.

Le Marc defdites Efpeces, évaluées à 10 deniers 21 grains, fera payé 46 liv. 7 f. 4 d.

Ecus de France, Piaftres ou Reaux & Leopolds de Loraine.

Le Marc defdites Efpeces, évaluées à 11 deniers, fera payé . . . . 46 liv. 18 f. 0 d.

PIASTRES NEUVES DU MEXIQUE.

Le Marc defdites Efpeces, évaluées à 10 deniers 22 grains ½, fera payé 46 liv. 12 f. 7 d.

TESTONS DE FRANCE, ECUS DE MONACO.

Le Marc defdites Efpeces, évaluées à 10 deniers 18 grains, fera payé.. 45 l. 16 f. 8 d.

ECUS OU DALLES DE L'EMPIRE.

Le Marc defdites Efpeces, évaluées à 10 deniers 8 grains, fera payé 44 liv. 1 f. 1 d.

PATAGONS DE FLANDRE, ECUS D'HOLLANDE,

Ecus de Cologne, Pieces de Brunfvick, Pieces de quatre liv. de Flandre.

Le Marc defdites Efpeces, évaluées à 10 deniers 5 grains, fera payé .. 43 l. 10 f. 5 d.

FRANCS. *Anciennes Pieces de 20 f. 10 f & 4 fols.*

Le Marc defdites Efpeces, évaluées à 9 deniers 21 grains, fera payé 42 l. 2 f. 0 d.

Pieces de Liege, Bons Florins d'Allemagne.

Le Marc defdites Efpeces, évaluées à 8 deniers 21 grains, fera payé 37 l. 16 f. 9 d.

ESCALINS.

Le Marc defdites Efpeces, évaluées à 6 deniers 12 grains, fera payé 27 l. 14 f. 3 d.

LIVRES D'ARGENT.

Le Marc defdites Efpeces, évaluées à 11 deniers 18 grains, fera payé 50 l. 1 f. 11 d.

JETTONS DE FRANCE.

Le Marc defdites Efpeces, évaluées à 11 deniers 10 grains, fera payé 48 l. 13 f. 6 d.

VAISSELE PLATTE POINÇON DE PARIS.

Le Marc defdites Efpeces, évaluées à 11 deniers 8 grains, fera payé 48 l. 6 f. 5 d.

Vaiffelle montée dudit Poinçon.

Le Marc defdites Vaiffelles, évaluées à 11 deniers 4 grains, fera payé 47 l. 12 f. 2 d.

VAISSELLE *Platte & Montée des* PROVINCES.

Le Marc defd. Vaiffelles, évaluées à 11 d fera payé comme les Ecus de France 46 l. 18 f. 0

Les Barres, Lingots, Culots, Vaiffelles, autres que celles ci-deffus, Chaînes, Boutons, & autres Matieres & Ouvrages d'Argent, feront payés après l'effay qui en fera fait, à proportion de leurs titres.

Le Marc d'Argent des titres plus bas, & les Fractions des Grains de fin, Demis & Quarts des titres ci-deffus, & de ceux au-deffous, feront payés à proportion de l'évaluation ci-après.

LE Marc d'Argent des titres plus bas, & les Fractions des Grains de fin, Demis & Quarts des titres ci-deſſus, & de ceux au-deſſous, feront payés à proportion de l'évaluation ci-après.

EVALUATION

Des Deniers de fin Argent,
Sur le pied de 5 l. 3 ſ. 3 d.
le Marc.

DENIERS.

1 vaut ...	4 l. 5 ſ. 3 d.
2 ...	8 l. 10 ſ. 6 d.
3 ...	12 l. 15 ſ. 9 d.
4 ...	17 l. 1 ſ. 1 d.
5 ...	21 l. 6 ſ. 4 d.
6 ...	25 l. 11 ſ. 7 d.
7 ...	29 l. 16 ſ. 10 d.
8 ...	34 l. 2 ſ. 2 d.
9 ...	38 l. 7 ſ. 5 d.
10 ...	42 l. 12 ſ. 8 d.
11 ...	46 l. 18 ſ. 0 d.
12 ...	51 l. 3 ſ. 3 d.

EVALUATION

Des Grains de fin Argent,
Sur le pied de 5 l. 3 ſ. 3 d.
le Marc.

GRAINS.

1 vaut	0 l. 3 ſ. 6 d.
2 ...	0 l. 7 ſ. 1 d.
3 ...	0 l. 10 ſ. 7 d.
4 ...	0 l. 14 ſ. 2 d.
5 ...	0 l. 17 ſ. 9 d.
6 ...	1 l. 1 ſ. 3 d.
7 ...	1 l. 4 ſ. 10 d.
8 ...	1 l. 8 ſ. 5 d.
9 ...	1 l. 11 ſ. 11 d.
10 ...	1 l. 15 ſ. 6 d.
11 ...	1 l. 19 ſ. 1 d.
12 ...	2 l. 2 ſ. 7 d.
13 ...	2 l. 6 ſ. 2 d.
14 ...	2 l. 9 ſ. 8 d.
15 ...	2 l. 13 ſ. 3 d.
16 ...	2 l. 16 ſ. 10 d.
17 ...	3 l. 0 ſ. 4 d.
18 ...	3 l. 3 ſ. 11 d.
19 ...	3 l. 7 ſ. 6 d.
20 ...	3 l. 11 ſ. 0 d.
21 ...	3 l. 14 ſ. 7 d.
22 ...	3 l. 18 ſ. 2 d.
23 ...	4 l. 1 ſ. 8 d.
24 ...	4 l. 5 ſ. 3 d.

<table>
<tr><td>

POIDS DE MARC
& ses Divisions.

LE Marc est divisé,
En 8 Onces.
   64 Gros.
  192 Deniers.
4608 Grains.

L'Once est divisée,
En 8 Gros.
  24 Deniers.
 576 Grains.

Le Gros est divisé,
En 3 Deniers.
 72 Grains.

Le Denier est divisé,
En 24 Grains.

</td><td>

QUALITEZ DE L'OR
& de l'Argent.

L'OR se qualifie par
le nombre de Karats
qu'il contient ; de sorte
que l'Or le plus fin est
à 24 Karats.

Le Karat est divisé en
Demis, Quarts, Hui-
tièmes, Seiziémes, &
Trente-deuxiémes ; de
maniere que le Karat
est Trente-deux Trente-
deuxiémes.

L'ARGENT se qualifie
par Deniers & Grains de
fin, de forte que le meil-
leur Argent est a douze
Deniers.

Le Denier se divise en
24 Grains.

</td></tr>
</table>

BILLETS DE MONOYE.

Leur Etabliſſement, Converſion & Supreſſion.

L A Réforme ordonnée par Edit du mois de Septembre 1701. n'ayant pû ſe faire aſſez promptement, pour payer comptant toutes les anciennes Eſpeces & Matieres d'Or & d'Argent qui étoient aportées à l'Hôtel des Monoyes, ou aux Changes de Paris, les Directeurs & Changeurs en donnerent leurs Billets particuliers ; ces Billets devinrent enſuite Dettes de l'Etat, dont la valeur entiere montoit à 173 Millions ; qui furent convertis,

S C, A V O I R ;

25 Millions en Billets de Fermiers Généraux des Fermes Unies.
25 Millions en Billets de Receveurs Généraux des Finances.
18 Millions en Rentes ſur l'Hôtel de Ville de Paris.
33 Millions en Rentes ſur le Clergé.

Et 72 Millions en nouveaux Billets de Monoye, dont l'Empreinte du Sceau eſt ci-deſſous, ſignez du Prevôt des Marchands, & d'un Syndic ou Député que Sa Majeſté permit aux ſix Corps des Marchands de Paris de nommer, leſquels Billets furent admis en tous payemens, avec un tiers en Argent, ſuivant la Déclaration du 24 May 1707.

Pour ſuprimer & retirer entierement les ſoixante & douze Millions de Billets de Monoye, le Roy ordonna par ſon Edit du mois de May 1709. que ceux qui en étoient chargez, & qui aporteroient aux Changes des Monoyes cinq ſixiémes en Eſpeces à convertir, & un ſixiéme en Billets ſuſdits, ſeroient payez comptant du tout en nouvelles Eſpeces.

BILLETS DE BANQUE.

Leur Etabliſſement & leur Supreſſion.

PAR Lettres Patentes des 2 & 20 May 1716. Sa Majeſté donne un Privilége excluſif au Sr Law, Anglois & à ſa Compagnie, d'établir une Banque générale dans le Royaume, & de la tenir & exercer pendant 20 années, ſans cependant empêcher les Banquiers du Royaume de continuer leur commerce, comme à l'ordinaire.

Les Billets de la Banque générale étoient conçus en ces termes :

La Banque promet payer au Porteur à vûë $\frac{1000}{10}$ *Ecus d'Eſpeces , du poids & titre de ce jour, valeur reçûë. A Paris le . . . de . . . 171 . . Signez le Sr Law, & l'un de ſes Aſſociez, & Viſez par l'Inſpecteur.*

Le fond de la Banque fut fixé à ſix millions argent comptant.

La Banque générale commençant à s'établir, & ſes Billets ayant déja un aſſez grand crédit, tant dans le Royaume que dans les Païs Etrangers ; pour les accréditer encore davantage, il fut rendu un Arrêt du Conſeil le 10 Avril 1717. par lequel Sa Majeſté ordonna que les Billets de la Banque ſeroient reçûs comme Argent comptant dans tous les Bureaux de ſes Recettes, en payement des Droits & Impoſitions, & que tous les Receveurs , & autres chargez du maniement de ſes Deniers, ſeroient tenus d'acquitter à vûë leſdits Billets, ſans aucun excompte.

La Banque étoit en cet état, lorſque le Roy inſtruit du grand ſuccès qu'elle avoit, trouva plus à propos pour le bien de ſes Sujets de l'établir ſous le nom de Banque Royale, dont les fonds ſe feroient par Sa Majeſté , & qui ſeroit adminiſtrée par ſon Autorité.

Dans cette vûë Sa Majeſté donna ſa Déclaration du 4 Décembre 1718. qui convertit la Banque générale en Banque Royale , à en commencer la Regie en ſon nom & ſous ſon Autorité, du 1. Janvier 1719. ſous les ordres de Monſeigneur le Régent, en ayant fait rembourſer aux Actionnaires leurs Capitaux en deniers effectifs.

Le crédit de la Banque Royale s'étant conſidérablement augmenté dès les premiers mois de ſon établiſſement, le Roy pour l'accréditer davantage, & faciliter ſa Régie, & la circulation de ſes Billets, donna pluſieurs nouveaux Arrêts concernant les fabrications des Billets de Banque, & entr'autres celui du 22 Avril 1719. qui ordonne qu'il ſera fait pour cent dix millions de Billets de Banque, en Billets de Mille, de Cent & Dix livres tournois, qui ne ſeront ſujets à aucunes diminutions ; que dans les Villes où la Banque aura des Bureaux les Créanciers pourront exiger de leurs Debiteurs le payement de leurs créances en Billets de Banque, ſans qu'ils puiſſent être contraints d'en recevoir aucune partie en Eſpeces d'Or ou d'Argent, excepté les apoints au-deſſous de dix livres.

La Banque continuant de prendre faveur, il fut encore fait une fabrication de Billets par un Arrêt du 10 juin, montant à cinquante millions.

Par Arrêt du 25 Juillet suivant il en fut ordonné une de deux cens-quarante millions, & on établit par cet Arrêt des Bureaux particuliers dans chaque Ville où il y a Hôtel des Monoyes, pour fournir des Billets à ceux qui en demanderoient, & payer les Billets qui seroient presentés.

Les quatre-cens millions de Billets de Banque fabriqués jusqu'au mois de Juillet 1719. ayant été épuisés par la grande circulation, il falut songer à de nouvelles fabrications pour faciliter au Public un négoce si commode.

On en fit donc une le 12 Septembre 1719. de cent-vingt millions, en Billets de Dix mille livres.

Une autre le 24 Octobre de pareille somme de cent-vingt millions en pareils Billets de Dix mille livres.

Et une troisiéme le 29 Décembre de trois cens-soixante millions en Billets de Dix mille, de Mille, de Cent, & Dix livres.

Par autre Arrêt du 10 Février 1720. il fut ordonné une fabrication de deux-cens millions de Billets, pour remplacer seulement les Billets qui rentroient endossés.

L'Arrêt du 23 Février 1720. donna à la Banque Royale sa derniere forme & son entiere perfection, du moins pour sa Régie, en confirmant son union avec la Compagnie des Indes.

Par le premier article, Sa Majesté charge la Compagnie des Indes de la Régie & administration de la Banque, & lui cede tous les profits faits & à faire.

Par le second, que la Banque restant Banque Royale, Sa Majesté demeurera responsable au Public de la valeur de ses Billets.

Par Arrêt du 27 Février 1720. Sa Majesté défend de faire aucuns payements autrement qu'en Billets de Banque, à peine de 3000 livres d'amende, & défend en outre à toute personne de quelque état & condition qu'elle soit de garder plus de 500 livres, à peine de confiscation & de 10000 livres d'amende.

Par Arrêt du 19 Avril 1720. Sa Majesté ordonne la supression des Billets de Banque de Dix mille livres, & la fabrication de quatre cens trente-huit millions d'autres Billets de Mille, de Cent, & de Dix livres, pour leur être substituez.

Les Billets de Banque commençoient déja à prendre faveur partout le Royaume, lorsqu'il parût un Arrêt du Conseil du 21 May 1720. qui en ordonna la reduction de 20 pour 100. afin de les mettre au pair de l'Argent en Espece, dont la diminution avoit été aussi ordonnée par un Arrêt précédent & qui devoit se faire dans tout le reste de l'année 1720.

Bien que cette réduction des Billets eût semblé absolument être nécessaire, & que les motifs expliquez par l'Arrêt fussent bien fondés, néanmoins le Roy ayant été informé que contre ses intentions cette réduction produisoit un dérangement général dans le Commerce, & voulant favoriser la circulation des Billets de Banque à l'avantage des particuliers, Sa Majesté ordonna par un Arrêt du 27 desdits mois & an, qu'ils continueroient d'avoir cours pour la même valeur qu'avant l'Arrêt du 21. que Sa Majesté révoqua.

Au mois de Juin suivant Sa Majesté indiqua des débouchemens aux les Billets de Banque, pour en diminuer le trop grand nombre, & les réduire à la quantité nécessaire pour soutenir le crédit & le commerce de la Banque, ce qui l'auroit mise sur le pied des Banques Etrangeres.

La ſupreſſion totale des Billets de la Banque Royale ayant enfin été jugée néceſſaire à l'Etat, Sa Majeſté étant informée que le Commerce ne pouvoit plus ſe paſſer de la circulation des Eſpeces, à cauſe des abus que les Uſuriers & Agioteurs avoient introduit dans le Négoce des Billets de Banque, qui les avoient preſque entierement mis en diſcrédit, ordonna cette ſupreſſion par un Arrêt de ſon Conſeil d'Etat du 10 Octobre 1720. ne les laiſſant plus dans le Commerce que juſqu'au premier Novembre ſuivant ; mais accordant juſqu'au dernier dudit mois à ceux qui s'en trouveroient chargés les débouchemens portés par ledit Arrêt, & autres anterieurs.

Sa Majeſté reconnoit par cet Arrêt que la totalité deſdits Billets de Banque monte à deux milliards, ſix cens quatre-vingt ſeize millions, quatre cens mille livres.

La marge de chaque Billet étoit bordée d'une Vignette en taille douce, & dans le corps du Papier on liſoit ces mots, BILLET DE BANQUE.

MODELE DES BILLETS DE BANQUE.

N°.

mille
cent } *Livres Tournois.*
dix

L *A Banque promet payer au Porteur à Vûë,*
Livres Tournois en Eſpeces d'Argent,
Valeur reçûë. **A Paris le** *de* 17

Vᵗ FENELLON.

BOURGEOIS.

Contrôlé DUREVIST.